Inhalt

W0190456

100% übersichtlich

Entdecken Sie 100% Barcelona auf sechs Spaziergängen. Jedes Kapitel im 100% Cityguide ist einem Spaziergang gewidmet. Am Kapitelende finden Sie eine Karte mit der Kurzbeschreibung des Spaziergangs. Auf der Karte in der vorderen Umschlagklappe sehen Sie die sechs Kartenausschnitte im Überblick. Dort finden Sie anhand der Buchstaben (A) bis (Z) alle Hotels sowie die Sehenswürdigkeiten und Ausgehtipps, die nicht auf einem der Spaziergänge liegen.

In den sechs Kapiteln beschreiben wir ausführlich, welche Sehenswürdigkeiten Sie auf den Spaziergängen entdecken können und wo man gut essen, trinken, shoppen, feiern und relaxen kann. Alle Adressen sind mit einer Nummer (1) gekennzeichnet, die Sie im Stadtteilplan am Ende des Kapitels wiederfinden. An der Farbgebung der Nummer können Sie erkennen, zu welcher Kategorie die jeweilige Adresse gehört:

⚪ Sehenswürdigkeiten	🟢 Shoppen
🔴 Essen & Trinken	🟡 100% there

SECHS SPAZIERGÄNGE

Jedes Kapitel endet mit einer Kurzbeschreibung des Spaziergangs, der – ohne Zwischenstopp – maximal drei Stunden dauert. Auf den einzelnen Stadtteilplänen sehen Sie den genauen Verlauf der Route und Sie können die Länge anhand des Maßstabes ungefähr bestimmen. Die Wegbeschreibung links neben dem Stadtplan führt Sie entlang der Sehenswürdigkeiten zu den schönsten Adressen. So entdecken Sie fast nebenbei die besten Shopping-Gelegenheiten, die nettesten Restaurants und die angesagten Cafés und Bars. Wer irgendwann keine Lust mehr hat, der Route zu folgen, kann aufgrund der ausführlichen Tipps und Pläne auch wunderbar auf eigene Faust Entdeckungen machen.

PREISANGABEN BEI HOTELS UND RESTAURANTS

Um Ihnen einen Eindruck von den Hotel- und Restaurantpreisen zu geben, wurden die Preisangaben in die Adressinformationen mit aufgenommen. Bei Hotels beziehen sich die Beträge (sofern nicht anders angegeben) auf den Preis für ein Doppelzimmer pro Nacht einschließlich Frühstück. Bei den Restaurants wird jeweils der Durchschnittspreis für ein Hauptgericht genannt.

DER SPANISCHE RHYTHMUS

Der spanische Lebensrhythmus unterscheidet sich sehr stark von dem, was wir in Nordeuropa gewohnt sind. Man isst zu anderen Zeiten und die Öffnungszeiten der Geschäfte weichen ebenfalls ab. In der Regel sind die Läden von 10.00 bis 14.00 Uhr geöffnet. Und um 17.00 Uhr machen sie bis ca. 20.30 Uhr wieder auf. In den kommerziellen Einkaufsstraßen und touristischen Gegenden haben die Geschäfte jedoch den ganzen Tag über offen.

Von 13:00 bis 16:00 Uhr wird ausgiebig gegessen. Das Mittagessen ist in Spanien die wichtigste Mahlzeit des Tages. Die meisten Restaurants haben daher sowohl mittags als auch abends geöffnet. Außerdem bekommt man fast überall preisgünstige Drei-Gänge-Menüs zum Mittagessen; wer sich also dem spanischen Rhythmus anpasst, kommt kostengünstig weg. Abends öffnen die Restaurants erst gegen 21.00 Uhr ihre Türen. Die Küche schließt gegen Mitternacht, und Gäste können meistens so lange sitzen bleiben, wie sie möchten. Am Wochenende kann es bis 2.00 oder 3.00 Uhr noch einmal richtig voll werden. Viele Restaurants haben sonntags geschlossen. Daher ist es empfehlenswert bei allen geöffneten Restaurants für den Sonntag rechtzeitig zu reservieren.

Das Essen ist für Spanier ein wichtiger Teil ihres Lebens und sie nehmen sich dafür reichlich Zeit. In Barcelona wimmelt es von Restaurants, von denen in diesem 100% Cityguide nur ein kleiner Teil beschrieben wird. Natürlich gehören die Tapas in Barcelona einfach dazu, und man findet in der Stadt eine enorme Auswahl an Möglichkeiten: von traditionellen Tapas in authentischen Tavernen bis hin zu hippen Häppchen in Designrestaurants.

NATIONALE FEIERTAGE

Der August ist Spaniens Ferienmonat schlechthin, und zahlreiche Barceloner suchen Abkühlung außerhalb der Stadt. Viele Geschäfte und Restaurants haben daher geschlossen. Zudem gibt es in Barcelona eine ganze Reihe offizieller Feiertage. An den meisten von ihnen sind so gut wie alle Geschäfte geschlossen. Neben den beweglichen Feiertagen wie Karfreitag, Ostern, Pfingsten und Himmelfahrt gibt es in Barcelona noch folgende Feier- und Gedenktage:

1. Januar	Neujahr
6. Januar	Dreikönige
19. März	San José
23. April	Sant Jordi
1. Mai	Tag der Arbeit
24. Juni	Sant Joan
15. August	Mariä Himmelfahrt
11. September	La Diada
24. September	La Mercè
12. Oktober	El Pilar
1. November	Allerheiligen
6. Dezember	Tag des Grundgesetzes
8. Dezember	Tag der unbefleckten Empfängnis
25. Dezember	Weihnachten
26. Dezember	San Esteve

1. Januar: Año Nuevo. Die Barceloner haben keine echte Feuerwerkstradition in der Silvesternacht. Um Mitternacht essen sie bei jedem Glockenschlag eine Traube und tragen rote Unterwäsche für ein erfolgreiches neues Jahr.

6. Januar: Dreikönige ist der Geschenketag für spanische Kinder, die zu Weihnachten in der Regel nur eine Kleinigkeit bekommen. Die Könige Caspar, Melchior und Balthasar ziehen in einer festlichen Parade durch die Straßen und werfen den Familien am Straßenrand Süßigkeiten zu.

23. April: Sant Jordi (Sankt Georg) ist der Tag der Verliebten. Traditionsgemäß bekommen die Männer ein Buch geschenkt und die Frauen eine Rose. An jeder Straßenecke findet man Rosenverkäufer und Bücherstände.

24. Juni: An Sant Joan feiern die Barceloner den längsten Tag und die kürzeste Nacht des Jahres sowie den Sommerbeginn. In der Nacht von Sant Joan ist der Strand der allerbeste Ort, um das grandiose Feuerwerk mitzuerleben.

11. September: Am 11. September 1714 verlor Katalonien seine Freiheit, und die katalanische Sprache und Kultur wurden verboten. Jedes Jahr gedenken die Katalanen mit La Diada den Helden, die im Kampf ihr Leben ließen; dann wird in Barcelona auch ordentlich demonstriert.

24. September: La Mercè ist das Fest des Schutzheiligen der Stadt. Umzüge, Konzerte und viel Folklore prägen das Straßenbild. Abends gibt es ein Feuerwerk über dem Meer, das man vom Strand aus bewundern kann.

1. November: An Tots Sants, Allerheiligen, werden die Toten geehrt. Traditionell geht die Bevölkerung auf den Friedhof, um die Gräber der Familienmitglieder herzurichten und Kerzen anzuzünden. Die Katalanen essen an diesem Tag zu Ehren der Toten spezielle Kekse, die sogenannten panellets.

25. Dezember: In Barcelona beginnt Weihnachten am 24. Dezember mit dem Weihnachtsessen. Die jüngere Generation geht danach meistens noch mit Freunden aus. Der erste Weihnachtsfeiertag steht im Zeichen der Familie. Den zweiten Feiertag kennt man dort nicht, allerdings wird am 26. Dezember Sant Esteve gefeiert, und so haben die Katalanen doch noch einen Tag frei.

HABEN SIE NOCH TIPPS?
Wir haben diesen Reiseführer mit großer Sorgfalt zusammengestellt. Da das Angebot an Geschäften und Restaurants in Barcelona jedoch regelmäßig wechselt, kann es sein, dass eine Empfehlung nicht mehr existiert. Besuchen Sie in diesem Fall oder wenn Sie andere Anmerkungen zu diesem 100 % Cityguide haben, unsere Webseite *www.100travel.de/barcelona* oder schreiben Sie uns an info@momedia.com. Wir freuen uns über Hinweise, neue Tipps und natürlich auch Fotos. Posten Sie diese gerne auf unserer facebook fanpage: *facebook.com/100travel*.

Last but not least möchten wir noch bemerken, dass keine der vorgestellten Adressen für ihre Erwähnung bezahlt hat, weder für den Text, noch für die Fotos. Alle Texte wurden von einer unabhängigen Redaktion geschrieben.

Hotels

Vom einfachen Hostel bis zum Designhotel: In der katalanischen Hauptstadt ist es kein Problem, die bekannten Ketten zu umgehen und eine nette Übernachtungsadresse zu finden. Manche der Hotels sind schon eine Sehenswürdigkeit für sich. Die unten stehenden Vorschläge sind nach Preisklassen eingeteilt. Frühstück ist nicht immer im Preis inbegriffen. Kein Favorit dabei? Noch mehr Hotels gibt es auf *www.100travel.de*, *www.barcelona-online.com* oder *www.barcelona30.com*.

GÜNSTIGE PREISKLASSE

(A) Appartementvermietung **Cocoon Barcelona** bietet originelle *pisos* (Appartments) in verschiedenen Teilen der Stadt. Eine besonders ausgefallene Adresse ist Gotic Dream – mit einer auffälligen Wandmalerei der ortsansässigen Künstlerin Georgina Ciotti. Wer es fröhlich mag, der ist im Summertime gut aufgehoben. Touareg 1 dagegen ist romantisch und Espacio Habitat Design pur in einem Gebäude aus dem 18. Jahrhundert. Ab zwei Nächten.
passeig de picasso 40, www.cocoonbarcelona.com, telefon: 6 66158852, preis: ab 20 € pro person, u-bahn: arc de triomf

(B) **Hostal Girona** befindet sich in einem der vielen modernistischen Gebäude in L'Eixample. Das Haus wurde von Ildefons Cerdà entworfen, der auch für die Stadtplanung des gesamten Viertels verantwortlich war. Im Hostal Girona lässt sich gut nachvollziehen, wie die Bourgeoisie gegen Ende des 19. Jahrhunderts lebte. Der eindrucksvolle Eingang, die antiken Möbel und der modernistische Fußboden lassen einen in die Vergangenheit eintauchen.
carrer de girona 24, www.hostalgirona.com, telefon: 93 2650259, preis: ab 60 €, u-bahn: urquinaona

(C) **Whotells** bietet drei exklusive Appartements in den Stadtvierteln El Raval, Barceloneta und L'Eixample an. Die Unterkünfte können ab zwei Nächten bis zu einigen Monaten gebucht werden, maximal für sechs Personen. Für die stilvolle Einrichtung sorgte der japanische Designshop Muji.
carrer de joaquín costa 28, www.whotells.com, telefon: 93 4430834, preis: ab 70 €, u-bahn: universitat

100% BARCELONA

SPAZIERGANG 1: EL GÒTIC

Das lebendige historische Zentrum ist ein Muss für alle Barcelona-Besucher. Hier nahm die Geschichte der Stadt ihren Anfang. Man kann die Kathedrale besuchen, durch mittelalterliche Gassen bummeln und die Straßenkünstler entlang der La Rambla, der berühmtesten Flaniermeile Spaniens, bestaunen.

SPAZIERGANG 2: EL BORN

El Born ist als das trendigste Viertel Barcelonas bekannt. In den exklusiven Designerboutiquen, schicken Restaurants und modernen Cocktailbars treffen sich die Schönen und Reichen. Das Picasso-Museum und der Stadtpark Parc de la Ciutadella laden ebenfalls zu einem Besuch ein.

SPAZIERGANG 3: L'EIXAMPLE

Vornehme Boulevards, breite Straßen und beeindruckende Fassaden prägen diesen Stadtteil. Der Modernisme zeigt sich hier in seiner ganzen Pracht, und nicht umsonst ist L'Eixample als großes Freiluftmuseum bekannt. Gaudís Meisterwerk, die Sagrada Família, darf man auf keinen Fall verpassen.

SPAZIERGANG 4: EL RAVAL & POBLE SEC

Das Migrantenviertel El Raval galt früher als gefährlich, doch heute ist es der Favorit der Bohemiens, Künstler und modernillos (ultrahippe Jugendliche). Das angrenzende Poble Sec ist von Touristen noch weitgehend unentdeckt, bei Einheimischen gewinnt die Gegend jedoch sehr an Popularität.

SPAZIERGANG 5: BARCELONETA, VILA OLÍMPICA & POBLE NOU

Das Fischerviertel Barceloneta ist authentisch und volkstümlich. Vila Olímpica wurde 1992 anlässlich der Olympischen Spiele angelegt und hat immer noch ein modernes Flair. Das alte Industrieviertel Poble Nou ist ein Mix aus Werkhallen, verfallenen Arbeiterwohnungen und architektonischen Glanzstücken.

SPAZIERGANG 6: GRÀCIA

Parc Güell ist eines der bekanntesten Werke von Antoni Gaudí und ein Muss für jeden Barcelona-Besucher. Nach dem Park kann man durch das Straßengewirr in Gràcia spazieren und waschechte Arbeiteratmosphäre erleben. Entdecken Sie nette Plätze mit Restaurants und Cafés sowie viele kleine Läden.

100% BARCELONA

In Barcelona gibt es so viel zu erleben – doch wo fängt man am besten an? Natürlich will man Gaudís Bauwerke bestaunen und im Picasso-Museum oder dem MACBA Kunst bewundern. Aber auch echte Tapas essen, shoppen, wo die Einheimischen es tun, durch schmale Gassen in der alten Innenstadt schlendern, über La Rambla flanieren und am Strand frische Luft schnappen. Und abends ganz romantisch essen gehen, ein Konzert besuchen oder in einem angesagten Nachtclub tanzen. Der 100%-Cityguide zeigt Ihnen ganz genau, was Sie auf keinen Fall verpassen sollten. Sightseeing & Shopping, Ausgehen & Abenteuer – die übersichtlichen Stadtpläne weisen Ihnen den Weg.

AUF 6 SPAZIERGÄNGEN 100% BARCELONA ERLEBEN!

RAVAL ROOMS Ⓔ

Ⓓ Das moderne, preisgünstige Boutique-Hotel **Acta Mimic** verbirgt sich hinter der Originalfassade eines alten Theaters. Das Spiel des Lichts in den Zimmern kann je nach Stimmung der Gäste angepasst werden. Die Duschen stehen vor großen Fenstern – doch keine Angst, keiner kann hineinschauen. Die Zimmer sind modern und stilvoll eingerichtet. Das Hotel liegt in einer wenig attraktiven Umgebung, doch La Rambla ist nur einen Katzensprung entfernt.
carrer arc del teatre 58, www.hotel-mimic.com, telefon: 93 3299450, preis: ab 70 €, u-bahn: drassanes

(H) **THE5ROOMS**

(E) **Raval Rooms** ist ein einfaches Hostel im Immigrantenviertel El Raval, nur ein paar Minuten von La Rambla entfernt. Die Zimmer sind modern, allerdings nicht sehr geräumig. Stil und auch Service sind minimalistisch, aber so bleiben die Preise zumindest niedrig. Am Abend kann man den Sonnenuntergang auf der Dachterrasse genießen.

carrer de l'hospital 155, www.ravalrooms.com, telefon: 93 3248833, preis: ab 75 €, u-bahn: sant antoni

MITTLERE PREISKLASSE

(F) Das **Market Hotel** verdankt seinen Namen dem in der Nähe liegenden Mercat de Sant Antoni, der ältesten überdeckten Markthalle Barcelonas außerhalb der Stadtmauern. Das Hotel ist stilvoll und modern eingerichtet, hier und da mit einem orientalischen Touch. Manche Zimmer sind etwas klein, doch ein ausgezeichnetes Preis-Leistungs-Verhältnis macht das mehr als wett. Im Hotel befinden sich auch ein beliebtes Restaurant und ein schönes Café mit herrlich bequemen Bänken „zum Versinken".
carrer del comte borell 68, www.markethotel.com.es, telefon: 93 3251205, preis: ab 90 €, u-bahn: sant antoni

(G) Dass sich **Banys Orientals** innerhalb weniger Jahre zu einem der beliebtesten Hotels Barcelonas entwickelt hat, ist nicht verwunderlich. Der Standort mitten in El Born ist einfach perfekt. Der Inneneinrichter Lázaro Rosa Violán kombiniert antike und klassische Elemente mit ultramodernen Badezimmern und viel Licht. Die luxuriösen Suites del Banys befinden sich in einem anderen Gebäude und sind etwas geräumiger. Reservieren Sie auf jeden Fall rechtzeitig im Voraus.
carrer de l'argenteria 37, www.hotelbanysorientals.com, telefon: 93 2688460, preis: ab 100 €, u-bahn: jaume i

(H) Jessica Delgado besitzt ein fantastisches Haus im Zentrum Barcelonas und teilt ihr Zuhause mit Touristen. So entstand **The5rooms**. Als Gast schläft man also buchstäblich bei einer Einheimischen. Dazu kommt der Vorteil, dass die Besitzerin ihre persönlichen Tipps und Lieblingsadressen gerne verrät. Das Haus und die Zimmer sind sehr stilvoll eingerichtet, das Wohnzimmer und die Küche werden gemeinsam genutzt.
carrer de pau claris 72, www.thefiverooms.com, telefon: 93 3427880, preis: ab 150 €, u-bahn: urquinaona

GEHOBENE PREISKLASSE

(I) Das Boutique- und Designhotel **Ohla** ist für die Innenstadt ein Gewinn: geräumige, helle Zimmer und ein kleines, aber außergewöhnliches Schwimmbad auf der eleganten Dachterrasse mit Blick über die Stadt. Neben zwei Restaurants findet man dort allen Luxus, der zu einem Hotel dieses Kalibers gehört, darunter einen Fitnessraum, ein Solarium und Beauty Salon.
vía laietana 49, www.ohla.com, telefon: 93 3415050, preis: ab 211 €, u-bahn: urquinaona

(J) **Casa Camper** ist das erste Boutique-Hotel der gleichnamigen Schuhmarke aus Mallorca, die für ihre bequemen, vom Landleben inspirierten Designschuhe bekannt ist. Die Philosophie des Hauses? Das Hotel ist umweltfreundlich gestaltet und Rauchen ist verpönt. Die Fahrräder an der Decke können Sie sich für eine Radtour durch das Viertel ausleihen. In den Zimmern gibt es einen Schlafbereich und eine Minilounge. Gratisbar mit Selbstbedienung.
carrer d'elisabets 11, www.casacamper.com, telefon: 93 342 62 80, preis: ab 220 €, u-bahn: catalunya

(K) **Omm** ist Hotel, Spa, Restaurant, Lounge und Club in einem. Dunkle, futuristische Gänge führen zu den Zimmern dieses Designhotels. Die Balkons sind von der Straße aus hinter der Täfelung der modernen Fassade kaum zu erkennen. Von Zimmer 501 und 601 aus schaut man auf Gaudís Casa Milà. Für ein erfrischendes Bad steht das Schwimmbad auf dem Dach bereit.
carrer del rosselló 265, www.hotelomm.es, telefon: 93 4545000, preis: ab 240 €, u-bahn: diagonal

(L) **Hotel Arts** genießt den Ruf, das luxuriöseste Hotel Barcelonas zu sein. Es befindet sich in einem der Twin Towers der Stadt mit Blick auf den Port Olímpic und die Sagrada Família. Es gibt fünf Restaurants, darunter das Zwei-Sterne-Restaurant von Sergi Arola. Entspannen kann man sich im Six Senses Spa im 42. Stock. An Samstagen werden den Hotelgästen die rund 1000 Kunstwerke gezeigt, die permanent im Hotel ausgestellt sind. Das Hotel ist auch bei Hollywoodstars beliebt. So mietete unter anderem Gwyneth Paltrow ein Appartement, und George Clooney drehte hier einen Werbespot.
carrer marina 19-21, www.hotelartsbarcelona.com, telefon: 93 2211000, preis: ab 325 €, u-bahn: ciutadella-vila olímpica

HOTEL W Ⓜ

Ⓜ **Hotel W**, im Volksmund la vela (das Segel) genannt, ist die neueste Stil-
ikone von Barcelona. Privatstrand, eine unvergleichliche Aussicht aufs Meer,
ein spektakuläres Spa – wo sogar Shakira gesichtet wurde – und die trendy
Eclipse Bar im 26. Stock. Kurz, the place to be. Für diejenigen, die sich kein
Zimmer leisten können, aber trotzdem einen Blick hineinwerfen wollen:
Abends kann man einen Drink an der Bar genießen. Und Sonntagabend ist
die Bar der Hotspot für Partygänger.
*plaça de la rosa dels vents 1, www.w-barcelona.com, telefon: 93 295 28 00,
geöffnet: eclipse bar mo-mi 19.00-2.00, do 19.00-3.00, fr-so 19.00-4.00, zutritt
bar ab 18 jahre, preis: ab 350 €, u-bahn: barceloneta*

Unterwegs

Von El Prat, dem Flughafen von Barcelona, ist die Stadt mit Bus, Zug oder Taxi einfach zu erreichen. Der **Aerobus-Shuttle** fährt bis zur Plaça Catalunya, dem Herzen der Stadt. Die Bushaltestelle findet man am Ausgang des Terminals. Hier stehen auch die Taxen. Der Shuttle fährt alle fünf Minuten und erreicht innerhalb von 30 bis 45 Minuten für 5,90 Euro die Innenstadt. Eine Rückfahrkarte kostet 10,20 Euro und ist neun Tage gültig. Der **Zug** fährt an der gegenüberliegenden Seite des Flughafens ab und erreicht in 25 Minuten den Bahnhof Passeig de Gràcia. Ein Ticket kostet ungefähr 3,80 Euro. Für ein Taxi zahlt man mindestens 20 Euro.

Landet man am Flughafen von Girona, nutzt man am besten das Busunternehmen Sagalés, um nach Barcelona zu kommen. Bis zur Busstation Barcelona Nord (16 Euro, hin und zurück 25 Euro) ist man gut eine Stunde unterwegs. Vom Flughafen Reus fährt ein Bus (Gesellschaft Hispano Igualadina) innerhalb von anderthalb Stunden zum Bahnhof Sants in Barcelona (12,50 Euro, hin und zurück 22 Euro). Die Abfahrtszeiten beider Busse schließen an die Flüge an.

Ist man in der Stadt, kann man ein ausgedehntes **U-Bahn-Netz** nutzen. Fahrkarten gibt es am Eingang jeder Station. Eine Tageskarte kostet 7,25 Euro. Meist ist es günstiger, für 9,80 Euro eine Zehnerkarte zu kaufen, die man mit Mitreisenden teilen kann. Diese Karte ist auch im Bus oder Zug gültig. Mit dem **Stadtbus** ist es komplizierter, man sieht jedoch mehr von der Stadt als mit der U-Bahn. An jeder Haltestelle sind die Fahrpläne der Busse angegeben. So lässt sich schnell herausfinden, ob der Bus eine interessante Strecke fährt.

Taxifahrten sind in Barcelona nicht teuer und Taxen leicht zu finden. An der grünen Lampe auf dem Dach erkennt man, ob das **Taxi** frei ist. Der Starttarif beträgt 2 Euro, und für 8 Euro legt man schon eine gute Strecke zurück. Die Wochenend- und Abendtarife liegen etwas höher. Dazu wird am Wochenende und an Feiertagen nach Mitternacht ein Zuschlag von 2 Euro berechnet. Auch für die Mitnahme von Koffern und den Transport vom/zum Flughafen und Bahnhof Sants gelten Extrazuschläge. Die Tarife sind auf einem Hinweisschild im Taxi angegeben.

Mit dem **Bus Turístic** bekommen Sie einen guten Eindruck von der Stadt und den wichtigsten Sehenswürdigkeiten. Der Doppeldecker mit dem offenen Dach fährt drei verschiedene Strecken, und man kann bei jeder beliebigen Haltestelle ein- und aussteigen. Ohne auszusteigen ist man im Schnitt drei Stunden unterwegs. Ein Tagesticket, das im Bus oder bei der Touristeninformation unter der Plaça Catalunya erhältlich ist, kostet 26 Euro (für zwei Tage 34 Euro).

Radfahren ist heutzutage in Barcelona etwas völlig Alltägliches. Die rotweißen Bicing-Fahrräder sind nur für Einheimische vorgesehen, doch es gibt verschiedene Fahrradverleihe, beispielweise Baja Bikes (*www.bajabikes.eu*) und Budgetbikes (*www.budgetbikes.eu*).

El Gòtic

Historisch & hektisch

El Gòtic ist der älteste Stadtteil und das touristische Herzstück Barcelonas. Das "gotische Viertel" wird auf der einen Seite durch die wohl berühmteste Straße Spaniens begrenzt: die quirlige Rambla. Hier kann man stundenlang den zahllosen Straßenkünstlern zusehen, dennoch sollte man auch in eine der vielen Seitengassen eintauchen. Dort spürt man die historische Stadt, die auf den – teils noch heute sichtbaren – Überresten der Römerzeit erstand und die ihren Höhepunkt zwischen dem 13. und 15. Jahrhundert erlebte. Jahrhundertealte Gebäude und prachtvolle Kirchen, von denen die Catedral de la Santa Creu i Santa Eulàlia die beeindruckendste ist, reihen sich aneinander. Die Gegend nennt man nicht umsonst das Kathedralenviertel.

Im 19. Jahrhundert wurde erneut in das Viertel investiert, Klöster und Fried-höfe mussten neuen Bauwerken weichen. Das politische Zentrum der Stadt, der Platz Plaça de Sant Jaume I, ist ein gutes Beispiel für diesen Wandel. Hier ragt das Rathaus von Barcelona an der Stelle empor, wo einst die Kirche von

Sant Jaume stand. Auf der gegenüberliegenden Seite steht das monumentale Gebäude, in dem das katalanische Parlament tagt.

Weitere sehenswerte Plätze sind die Plaça Reial, wo früher ein Kapuziner-kloster stand, und die Plaça de Sant Felipe Neri mitten im ehemaligen jüdischen Viertel. Beide plaças sowie das ganze gotische Viertel spielen in dem Roman *Der Schatten des Windes* von Carlos Ruiz Zafón eine wichtige Rolle. Die Schönheit der Plätze, Straßen und der Kathedrale, die lebendige Rambla und die Einkaufszone rund um die Avinguda del Portal de l'Àngel locken verständlicherweise auch die Touristenmassen an. Anderswo schlendert man wiederum durch altmodische, verlassene, manchmal auch schmuddelige Straßen. Die besten Shoppingadressen findet man in den mittelalterlichen Gassen abseits der modernen Hauptstraße, beispielsweise in der Gegend um die Carrer d'Avinyó, wo es viele hübsche Boutiquen, Tapas-Bars, Cafés und Restaurants gibt. Man sollte sich jedoch vor Taschendieben hüten, die in diesem Teil der Stadt leider sehr aktiv sind.

6 Insider-Tipps

Bliss

Den Tag mit einem leckeren
Frühstück beginnen.

Orange Monkey Tours

Eine originelle Stadttour
unternehmen.

Passatge dels Temps

Designsouvernirs kaufen

**Plaça del Pi & Plaça de
Sant Josep Oriol**

Über den Kunstmarkt
und den Biomarkt
schlendern.

Plà

In romantischer Umgebung
zu Abend essen.

**Catedral de la Santa
Creu i Santa Eulàlia**

Die gotische Kathedrale
mit idyllischem
Klostergarten besuchen.

- Sehenswürdigkeiten
- Shoppen
- Essen & Trinken
- 100% there

Sehenswürdigkeiten

(4) Die **Catedral de la Santa Creu i Santa Eulàlia** ist die wichtigste Kirche des Erzbistums Barcelona, und ihr Grundstein wurde 1298 gelegt. Als das Kirchengebäude im vorigen Jahrhundert endlich fertiggestellt wurde, begann man auch gleich wieder mit den Renovierungsarbeiten. Die Kathedrale ist nach der heiligen Eulàlia benannt, der zweiten Schutzpatronin der Stadt, die in der Krypta unter dem Hochaltar begraben ist. Die Gänse im Klostergarten sollen Santa Eulàlia, und damit Barcelona, beschützen. Es sind 13 an der Zahl, weil Eulàlia im Alter von 13 Jahren gefoltert und getötet wurde.
pla de la seu 3, www.catedralbcn.org, telefon: 93 3151554, geöffnet: täglich 8.00-19.30, eintritt: 6 € (frei während messen), u-bahn: jaume i

(5) **Museu Diocesà de Barcelona** gehört zur Kathedrale und zeigt die Kunstwerke, die dem Erzbistum im Laufe der Jahrhunderte von der Stadt gestiftet wurden. Eine umfangreiche Sammlung hauptsächlich religiöser Werke – von Gemälden und Skulpturen bis zu Keramik und Gewändern.
avinguda de la catedral 4, telefon: 93 3152213, geöffnet: di-sa 10.00-14.00 & 16.00-20.00, so 11.00-15.00, eintritt: 6 €, u-bahn: jaume i

(7) **Museu Frederic Marès** ist nach dem reiselustigen Bildhauer Frederic Marès benannt, der von seinen Reisen zahllose Objekte mitbrachte. Diese schenkte er der Stadt und wohnte selbst jahrelang in dem Gebäude, in dem sich heute das Museum befindet.
plaça de sant lu 5, www.museumares.bcn.cat, telefon: 93 2563500, geöffnet: di-sa 10.00-19.00, so & feiertage 11.00-18.00, eintritt: 4,20 €, u-bahn: jaume i

(9) Das **MUHBA Plaça del Rei** steht buchstäblich auf den gut sichtbaren römischen Überresten, auf denen das mittelalterliche Barcelona angelegt wurde. Hier sind die archäologischen Funde untergebracht, die in den letzten 2000 Jahren in der Stadt gefunden wurden.
plaça del rei 7, www.museuhistoria.bcn.cat, telefon: 93 2562122, geöffnet: di-sa 10.00-19.00, so 10.00-20.00, eintritt: 7 €, u-bahn: jaume i

⑫ **Plaça de Sant Jaume** ist das politische Herz Barcelonas und der ganzen Region Katalonien. Auf diesem Platz liegen die Amtssitze der katalanischen Teilregierung und des Stadtrats einander gegenüber. Hier finden auch viele traditionelle Festivitäten statt wie die *castells* (Menschenpyramiden) im Rahmen der Stadtfeste von La Mercè sowie die jährliche Weihnachtskrippe.
plaça de sant jaume, u-bahn: jaume i

⑭ Liebhaber von handgefertigten Gegenständen finden bei **Artesania Catalunya** schöne Produkte lokaler katalanischer Handwerksbetriebe. Auch verschiedene Ausstellungen zeigen die Arbeiten dieser Handwerker, die beispielsweise aus Rattan, Textil und Keramik hergestellt wurden.
carrer dels banys nous 11, www.artesania-catalunya.com, telefon: 93 4674660, geöffnet: mo-sa okt.-mai 9.00-14.00 & 15.00-19.00, juni-sept. 8.00-15.00, eintritt: frei, u-bahn: liceu

⑰ Der **Plaça Reial** ist einer der schicksten Plätze der Stadt. Hoch aufragende Palmen, gelb gestrichene Fassaden, typisch mediterrane Balkons, schattige Arkadengänge – und dazwischen die Terrassen der vielen Straßencafés. Der Springbrunnen und die kunstvollen Straßenlaternen sind Gaudís Werk. Früher stand hier ein Kapuzinerkloster, doch heute zieht der Platz anstatt der Mönche die Nachtschwärmer an, die sich in einer der vielen Bars treffen.
plaça reial, u-bahn: liceu

⑳ Barcelonas Hausarchitekten Antoni Gaudí begegnet man im Wachsfiguren-kabinett **Museu de Cera de Barcelona**. Er steht zwischen einigen Hundert anderen Berühmtheiten, darunter Diktator Franco.
passatge de la banca 7, www.museocerabcn.com, telefon: 93 3172649, geöffnet: okt.-juni mo-fr 10.00-13.30 & 16.00-19.30, sa-so 11.00-14.00 & 16.30-20.30, juli-sept. täglich 10.00-22.00, eintritt: 15 €, u-bahn: drassanes

㉛ Das **MiBa** ist ein Privatmuseum, in dem die Kollektion des Sammlers und Erfinders Pep Torres untergebracht ist. Im Museumsshop bekommt man witzige und aktuelle Erfindungen, die einen noch zu Hause inspirieren werden.
carrer de la cuitat 7, www.mibamuseum.com, telefon: 93 3327930, geöffnet: di-fr 10.00-14.00 & 16.00-19.00, sa 10.00-20.00, so 10.00-14.00, eintritt: 8 €, u-bahn: jaume i

PLAÇA REIAL ⑰

Essen & Trinken

(8) **Buenas Migas** ist ein gut besuchter Lunchroom, in dem von frühmorgens bis spätabends hausgemachte Focaccia, Pizzen und Salate serviert werden. Schoko-Fans müssen unbedingt den köstlichen Schokoladenkuchen probieren. Buenas Migas hat verschiedene Filialen in der Stadt.
baixada de santa clara 2, www.buenasmigas.com, telefon: 93 3191380, geöffnet: so-do 8.00-23.00, fr-sa 9.00-00.00, preis: 5 €, u-bahn: jaume i

(11) Die Einwohner Barcelonas frühstücken fast immer außer Haus. Und bei **Bliss** kann man sicher sein, dass der Tag gut anfängt. Neben einem feinen Frühstück bekommt man dort auch ein leckeres Mittag- oder Abendessen. Die Karte ist zwar recht klein, aber die Portionen sind dafür umso größer. Gutes Preis-Leistungs-Verhältnis.
plaça de sant just 4, www.blissbarcelona.es, telefon: 93 2681022, geöffnet: mo-fr 9.00-23.30, sa-so 10.00-23.30, preis: mittagsmenü 11 €, u-bahn: jaumei

(22) Bei **El Bosc de les Fades** (der Wald der Feen) betritt man buchstäblich eine andere Welt, nämlich die der Feen und Fabelwesen. Man fühlt sich wie in einem Märchenwald, zwischen all den knorrigen Baumstämmen. Ideal, um der Hektik der Straße zu entfliehen und in aller Ruhe etwas zu trinken.
passatge de la banca 5, www.museocerabcn.com, telefon: 93 3172649, geöffnet: so-do 10.00-1.00, fr-sa 10.00-2.00, preis: ab 2 €, u-bahn: drassanes

(24) **Margarita Blue** ist Bar, Lounge, Restaurant und Nachtclub in einem, garniert mit einem Hauch Tex-Mex. Das heißt: Man bekommt leckere Burritos und einen Mojito, während man den Klängen der Liveband lauscht, die kubanischen Jazz spielt. Der exotischen Atmosphäre ist es zu verdanken, dass die in Barcelona lebenden Ausländer besonders gerne hierher kommen.
carrer de josep anselm 6, www.margaritablue.com, telefon: 93 4125489, geöffnet: so-do 18.00-2.00, fr-sa 18.00-3.00, preis: 12 €, u-bahn: drassanes

(26) **Belmonte** ist eine gemütliche Tapasbar in einer sehr touristischen Gegend Barcelonas, doch auch die Einheimischen essen hier gerne. Auf der Karte stehen traditionelle katalanische Häppchen. Das Gemüse vom Grill mit Romesco sollte man unbedingt probieren. Ebenfalls ein Tipp: die herrlichen katalanischen Käse- und Wurstsorten.
carrer de la mercè 29, telefon: 93 3107684, geöffnet: mo-fr 9.00-11.30 & 13.00-17.00, preis: 5 €, u-bahn: jaume i

(27) Bierliebhaber kommen bei **La Cerveteca** voll auf ihre Kosten, denn hier gibt es Biere aus der ganzen Welt – ob aus großen, berühmten Brauereien oder aus kleinen, unbekannten. Wer mehr über den Gerstensaft lernen möchte, der kann an einem Bier-Workshop teilnehmen.
carrer d'en gignàs 25, www.lacerveteca.com, telefon: 93 3150407, geöffnet: so-do 18.00-23.00, fr-sa 18.00-00.00, preis: ab 3 €, u-bahn: jaume i

(28) Der Japaner **Shinjuku** ist einer der besten Barcelonas: gutes Essen, ohne dafür tief in die Tasche greifen zu müssen. In einem modern-minimalistischen Ambiente gibt es Spezialitäten wie mit Krabben gefüllte, kleine Tintenfische und ein großes Angebot an Sushi, Sashimi und Maki.
carrer de la ciutat 13, telefon: 93 2690941, geöffnet: täglich 12.30-16.30 & 20.30-0.30, preis: 17 €, u-bahn: jaume i

(29) Auch wenn die Schilder von **Cometacinc** auf einen grellen Touristenladen hindeuten, ist es drinnen romantisch und angenehm. Das Publikum ist jung, und auf der Speisekarte stehen unter anderem spanische Tapas, mexikanische Guacamole und katalanische Cannelloni.
carrer de la cometa 5, www.cometacinc.com, telefon: 93 3101558, geöffnet: täglich 18.00-1.00, preis: tapasmenü 17,50 €, u-bahn: jaume i

(30) Bei **Pla** werden modern-mediterrane Gerichte in einem mittelalterlichen Gebäude und in sehr gemütlichem Flair serviert. Das Restaurant ist nach dem katalanischen Schriftsteller Josep Pla benannt, Liebhaber der regionalen Küche sowie Autor des Buches *Lo que hemos comido* (Was wir gegessen haben). Nach dem Essen kann man noch den ein oder anderen Drink genießen. Reservieren lohnt sich, denn es ist fast immer voll.
carrer de bellafila 5, www.elpla.cat, telefon: 93 4126552, geöffnet: so-do 21.00-0.00, fr-sa 21.00-1.00, preis: 17 €, u-bahn: jaume i

PLA (30)

(33) Wer mal echtes mexikanisches Essen statt Texmex kosten will, sollte bei **Los Azulejos** einfallen. Allesamt Gerichte, die auch in Mexiko auf den Tisch kommen. Authentisch ist auch die Einrichtung, mit zwei großen aus azulejos (spanischen Fliesen) hergestellten Wandfriesen. Bleiben Sie nach dem Essen noch auf eine Margarita, die ist hier nämlich sehr gut.
carrer trinitat 3, www.losazulejos.es, telefon: 93 3041979, geöffnet: täglich 13.00-2.00, preis: 15 €, u-bahn: jaume i

(34) Eine orientalisch anmutende Einrichtung, diffuses Licht und der subtile Duft von Vanille: Bei **Sukur** lässt man es sich in arabischem Ambiente schmecken. Die verspielten Vorhänge, die die Tische voneinander trennen, tragen zu der ausgesprochen romantischen Atmosphäre bei.
carrer d'avinyó 42, telefon: 93 3010102, geöffnet: mo-fr 13.00-16.00 & 20.00-0.00, sa-so 20.00-1.00, preis: 14 €, u-bahn: liceu

(35) Eisliebhaber mit Vorliebe für ausgefallene Geschmacksrichtungen dürfen **Belgious** nicht verpassen. Auf der Karte stehen die fünzig originellsten Eissorten, die man sich nur denken kann: Caipirinha, Rotwein, schwarze Oliven und Roquefort sind nur einige der vielen Varianten. Wem das zu ausgefallen ist, der bekommt auch Crêpes, Waffeln und frische Fruchtsäfte.
carrer d'avinyó 50, www.belgious.com, telefon: 93 5019020, geöffnet: so-do 16.00-0.00, fr-sa 16.00-1.00, im winter di & mi geschlossen, preis: ab 2,50 €, u-bahn: jaume i/liceu

Shoppen

③ Bei **Limiteditions** finden Sneaker-Fans die wirklich neuesten und außergewöhnlichsten Modelle. Der geschmackvoll eingerichtete Laden lockt mit einer umfangreichen Kollektion *bambas* (Turnschuhen), unter anderem von Nike, Adidas, Reebok, Lacoste und Billionary Boys Club & Ice Cream.
carrer del duc 8, www.limiteditions.org, telefon: 93 3022356, geöffnet: mo-fr 11.30-20.30, sa 11.30-21.00, u-bahn: liceu

⑩ Obwohl nicht in erster Linie als Käseland berühmt, ist Spanien dennoch die Heimat einiger köstlicher Käsesorten. Auf der Suche nach den besten Vertretern klapperte Katherine McLaughlin das ganze Land ab und wählte etwa 20 Sorten aus, die die Schottin in ihrem Käseladen **Formatgeria La Seu** anbietet. Natürlich kann man diese auch erst kosten.
carrer de la dagueria 16, www.formatgerialaseu.com, telefon: 93 4126548, geöffnet: di-do 10.00-14.00 & 17.00-20.00, fr-sa 10.00-15.30 & 17.00-20.00, u-bahn: jaume i

⑬ **Vaho** recycelt das PVC-Werbematerial, auf dem der Stadtrat von Barcelona Veranstaltungen ankündigt, und stellt daraus hippe Taschen her. Dass die Möglichkeiten fast unbegrenzt sind, kann man im Geschäft deutlich sehen. Nicht die richtige Tasche dabei? Man kann auch selbst Motiv und Modell wählen, um sich ein maßgeschneidertes Exemplar anfertigen zu lassen. Außer Taschen gibt es auch Möbel und Kunstobjekte.
carrer de ferran 43, www.vaho.ws, telefon: 93 2680530, geöffnet: mo-sa 10.00-22.00, u-bahn: jaume i/liceu

⑮ Die immer gut besuchten Plätze **Plaça del Pi** und **Plaça de Sant Josep Oriol** liegen direkt nebeneinander. Zwischen den vollen Straßencafés findet an jedem ersten Wochenende des Monats ein Kunstmarkt statt. Tipp für Ökofreunde: Jeden Samstag kann man auf dem Biomarkt Produkte von katalanischen Bauernhöfen kaufen.
plaça del pi, plaça de sant josep oriol, u-bahn: liceu

VAHO (13)

(19) **El Changuito** ist ein nettes Einrichtungsgeschäft für jeden, der Antiquitäten, Vintage und auffällige Secondhandsachen liebt. Schöne Möbel, stilvoller Krimskrams sowie Kunstobjekte aus vergangenen Zeiten – von Lampen über Geschirr bis zu Spiegeln und Schmuck – werden hier angeboten. Hoffentlich passt das neu erworbene Stück noch in den Koffer ...
passatge de la pau 13, www.elchanguito.com, telefon: 93 3106326, geöffnet: mo-sa 12.00-15.00 & 17.00-21.00, u-bahn: drassanes

(21) Wer außergewöhnliche Gadgets und trendy Souvenirs sucht, der sollte im **Passatge del Temps** beim Wachsfigurenkabinett vorbeischauen. Der Museumsshop ist ganz neu und der Fokus liegt eindeutig auf Design. In der Lebensmittelabteilung bekommt man nicht nur eine Tasse Kaffee mit süßen oder herzhaften Köstlichkeiten, sondern es gibt auch spanische Delikatessen zum Mitnehmen.
passatge de la banca 7, www.museocerabcn.com, telefon: 93 3172649, geöffnet: mo-fr 10.00-22.00 & sa-so 11.00-22.00, u-bahn: drassanes

(23) Bei **Marañon** findet man Hängematten in allen Farben, Größen und aus allen möglichen Ländern. Von Hängestühlen bis zu echten Schlafmatten mit diversen Mustern und Farben. Ein Geschäft zum Wegträumen.
carrer de josep anselm clave 3, www.mundodehamacas.es, telefon: 93 3175115, geöffnet: mo-sa 10.30-14.30 & 16.00-20.30, u-bahn: drassanes

(25) Bei **Papabubble** werden Süßigkeiten von Hand und vor den Augen der Kunden hergestellt. Und man kann sie natürlich auch gleich probieren. Auf der Suche nach einem originellen Geschenk? Auf Wunsch werden die Süßigkeiten auch graviert. Dann gilt allerdings eine Mindestabnahme.
carrer ample 28, www.papabubble.com, telefon: 93 268 86 25, geöffnet: mo-fr 10.00-14.00 & 16.00-20.30, sa 10.00-20.30, u-bahn: jaume i

(32) Bei **The Rent Shop** kauft das hippe Barcelona die allerneuste Mode und den letzten Schrei für die nächste Saison. Hier findet man Labels wie Cheap Monday, Le Coq Sportif und People's Market.
carrer d'avinyó 12, www.therentshop.net, telefon: 93 1824519, geöffnet: mo-sa 10.00-14.00 & 17.00-22.00, u-bahn: jaume i

100% there

① Die Alternative zur ganz normalen Pediküre: die Füße in einen Eimer voller kleiner Fische (*garra rufa*) zu stellen, die sich auf die Haut stürzen und sie von allem Schmutz und Schuppen befreien. Bei **AquaBliss Fish Spa** bekommt man danach sogar noch eine Fußmassage. Eine willkommene Entspannung nach einem stundenlangen Spaziergang durch die Stadt.
carrer comtal 33, www.aquabliss.es, telefon: 93 3023540, geöffnet: mo-sa 11.00-21.00, so 12.00-20.00, preis: ab 15 €, u-bahn: urquinaona

② Die berühmteste Straße Spaniens, **La Rambla**, erstreckt sich von der Plaça Catalunya bis zum Hafen. Sie wird von lebenden Statuen, Kiosken, Straßencafés, Blumenständen und Malerstaffeleien gesäumt. Das spanische *rambla* bedeutet "breite Allee mit Mittelstreifen" und ist vom arabischen Wort für Flussbett abgeleitet, denn hier lief früher das Regenwasser in Richtung Meer. Der Boulevard besteht eigentlich aus fünf Abschnitten, daher sprechen manche Einwohner von "Las Ramblas". Am obersten Ende steht der Springbrunnen Font les Canaletes. Wenn man hieraus einen Schluck Wasser trinkt, kehrt man der Legende nach wieder nach Barcelona zurück.
la rambla, u-bahn: catalunya/liceu/drassanes

⑥ Machen Sie sich auf die Suche nach den Plätzen, die Carlos Ruiz Zafón in seinem Buch *Der Schatten des Windes* beschreibt. Der *Friedhof der vergessenen Bücher* ist zwar Fiktion, doch die Plaça de Sant Felipe Neri ist tatsächlich ein Schmuckstück in der Barri Gòtic. Diverse Veranstalter bieten **Zafóns literarische Route** an. Die Hotspots aus seinem neuen Werk *Das Spiel der Engel* sind auch dabei. Zur Terminabsprache anrufen oder mailen.
www.iconoserveis.com, telefon: 93 4101405, geöffnet: nach vereinbarung, preis: 14 €

⑯ Was ist schöner, als Barcelona mit einem Einheimischen zu entdecken? Mit **Orange Monkey Tours** entdeckt man die Hauptsehenswürdigkeiten und die weniger bekannten Orte zu Fuß oder mit dem Rad, man kann zwischendurch Flamenco tanzen oder kochen. Reservieren ist Pflicht.
www.orangemonkeytours.com, telefon: 6 57907634, preis: original tour 20 €

LITERARISCHE ROUTE ZAFÓN ⑥

⑱ Radfahren in Barcelona ist in. Wer sich einen Drahtesel ausleihen will, ist bei **El Ciclo** richtig. Der Inhaber Ramiro hat die authentischen Räumlichkeiten, mit Wänden aus Naturstein und Balkendecken, in einen originellen Fahrradladen mit Verleih umgewandelt. Keine Lust auf die üblichen Touri-Strecken? Fragen Sie Ramiro dann nach seinen Lieblingsrouten und erleben Sie Barcelona mal ganz anders.

carrer nou de sant francesc 17, www.elciclobcn.com, telefon: 66 2288751, geöffnet: apr.-okt. täglich 10.00-20.00, nov.-märz mo-sa 10.00-14.00 & 16.00-20.00, preis: ab 5 €, u-bahn: drassanes

El Gòtic

SPAZIERGANG 1

Bei der U-Bahn-Station Urquinaona Vía Laietana beginnen und rechts in die Carrer Comtal einbiegen (1). Dann über die Carrer de Santa Anna zu La Rambla (2). Links abbiegen, dann wieder links in die Carrer de la Portaferrissa. In der ersten Straße links gibt's coole Turnschuhe (3). Der Straße zur Kathedrale (4) (5) folgen. Laufen Sie zurück und gehen links in die Carrer del Bisbe und die erste wieder rechts. Weiter bis zur Plaça de Sant Felip Neri (6). Dort rechts und direkt wieder links auf die Carrer dels Comtes, links ist das Museu Frederic Marès (7). Eine kurze Pause (8), dann geht es zum Historischen Museum (9). Zurück, dann links und in die Carrer de la Dagueria, um köstlichen Käse zu kaufen (10). Weiter bis zur Plaça de Sant Just (11). Über den Platz zur Carrer d'Hercules, am Ende rechts zur Plaça de Sant Jaume (12). Links in die Carrer de Ferran, wo es Taschen gibt (13). Rechts in die Carrer de Banys Nous zu Artesania Catalunya (14). Zurück, rechts in die Carrer de la Boqueria, die erste Straße rechts, dann kommt man auf die Plätze Plaça del Pi und Plaça de Sant Josep Oriol (15). Links in die Carrer del Cardenal Casañas und wieder links auf La Rambla. Hier ist der Treffpunkt von Orange Monkey Tours (16). Besichtigen Sie links die Plaça Reial (17) und laufen wieder zurück. Der La Rambla folgen und links in die Carrer dels Escudellers. Die zweite rechts gehen, um ein Fahrrad zu mieten (18). Den Platz überqueren und links in die Passatge de la Pau einbiegen, um shoppen zu gehen (19). Danach zurück zu La Rambla. Am Ende kann man im Museum etwas trinken (20) (21) (22). Weiter über die Carrer de Josep Anselm Clave (23) (24), die in die Carrer Ample übergeht (25). Rechts in die Carrer de Simó Oller, dann links in die Carrer de la Mercé (26). Am Ende links auf ein Bier bei La Cerveteca (27). Links in die Carrer d'En Gignas, dann rechts in die Carrer del Regomir. Rechts in die Carrer de la Cometa (28) (29). Die erste links und gleich wieder die erste links. An der Carrer de la Bellafila ist das Pla (30). Rechts in die Carrer de la Ciutat (31). Links in die Baixada de Sant Miquel und rechts in die Carrer d'Avinyó (32). Die erste links, um mexikanisch zu essen (33). Zurück zur Carrer d'Avinyó, dann rechts abbiegen und hinuntergehen, um den Spaziergang kulinarisch abzuschließen (34) (35).

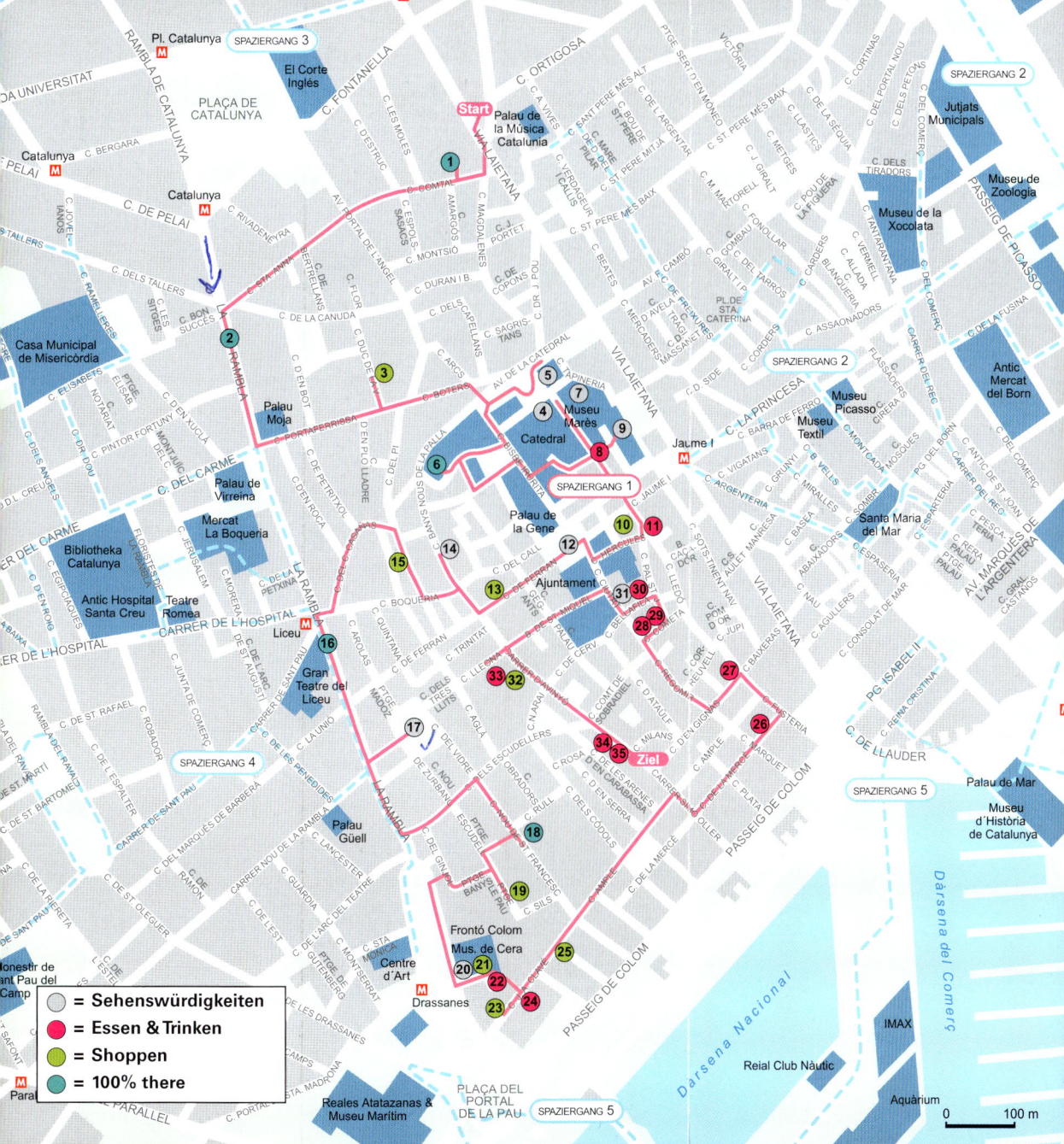

SPAZIERGANG 3
Pl. Catalunya
El Corte Inglés

SPAZIERGANG 2
Jutjats Municipals

Museu de Zoologia

Museu de la Xocolata

DA UNIVERSITAT
C. FONTANELLA
C. ORTIGOSA

Catalunya
PLAÇA DE CATALUNYA

Start
Palau de la Música Catalunia

Catalunya
C. DE PELAI
1

Casa Municipal de Misericòrdia

Museu de la Xocolata

2

Palau Moja

3

Palau de Virreina

5

SPAZIERGANG 2

Museu Picasso

Antic Mercat del Born

Mercat La Boqueria

4
Museu Marès
9
Catedral
8
Jaume I

Museu Textil

Museu Picasso

6

7

Bibliotheka Catalunya

Antic Hospital Santa Creu

Teatre Romea

SPAZIERGANG 1

Palau de la Gene
12

10 **11**

Santa Maria del Mar

14

Ajuntament

CARRER DE L'HOSPITAL

15

13

Liceu

31 **30**

28 **29**

Gran Teatre del Liceu

16

33 **32**

27

26

17

34 **35**
Ziel

SPAZIERGANG 4

Palau Güell

18

PG. ISABEL II

Palau de Mar

Museu d'Història de Catalunya

SPAZIERGANG 5

19

25

PASSEIG DE COLOM

Dàrsena del Comerç

Centre d'Art

Frontó Colom
Mus. de Cera

20 **21**

22

24

Drassanes

23

Monestir de sant Pau del Camp

Reales Atatazanas & Museu Marítim

SPAZIERGANG 5

PLAÇA DEL PORTAL DE LA PAU

Dàrsena Nacional

Reial Club Nàutic

IMAX

Aquàrium

⬤ = **Sehenswürdigkeiten**
⬤ = **Essen & Trinken**
⬤ = **Shoppen**
⬤ = **100% there**

0   100 m

El Born

Neueste Trends in alten Gassen

Hippe Restaurants, kleine Designershops und trendy Straßencafés: El Born ist das Soho von Barcelona. Im Zentrum des Viertels rund um den Paseo del Borne und die Kathedrale Santa María del Mar kann man hervorragend shoppen. Hinter den jahrhundertealten fachmännisch renovierten Fassaden verbergen sich exklusive Lofts. Und im Labyrinth der mittelalterlichen Straßen kann man viele ausgefallene Geschäfte und Bars entdecken.

El Born wurde im 14. Jahrhundert errichtet und war lange Zeit Treffpunkt der Seeleute, Kaufmänner und Handwerker. Der Roman *Die Kathedrale des Meeres* von Ildefonso Falcones, dessen Geschichte sich weitgehend in diesem Stadtteil abspielt, zeichnet ein gutes Bild des damaligen Lebens. Die Straßennamen erzählen noch immer, welche Zünfte wo arbeiteten: die Hutmacher in der Carrer dels Sombrerers und die Silberschmiede in der Carrer Argentería. Die Wohlhabenden dagegen ließen ihre Luxuspaläste in der Carrer de Montcada errichten, ganz in der Nähe der städtischen Gilden. In einem dieser Häuser

befindet sich heute das Picasso-Museum. Jahrhunderte später – die Reichen hatten das Viertel mittlerweile gegen das schickere L'Eixample und andere Prachtviertel eingetauscht – war El Born ein *barri*, eine Gegend, die man lieber mied. Die dunklen Gassen, die heute als charmant gelten, waren in den 1980er-Jahren vor allem schmuddelig. Das änderte sich, als der Stadtteil für die Olympischen Spiele vollständig umgekrempelt wurde. Einheimische und Touristen fanden wieder hierher, sodass auch Unternehmer neue Möglichkeiten sahen. In null Komma nichts verwandelte sich El Born zu einem superhippen Stadtteil von Barcelona.

Heute kann man in Designerläden shoppen gehen und danach einen Cocktail in einem der vielen Cafés trinken, im Stadtpark Parc de la Ciutadella faulenzen oder eines der zahlreichen Museen besuchen. Oder sich im angrenzenden Viertel La Ribera umsehen, das zu El Born zugerechnet wird. Das Großreine-machen, das hier vor einigen Jahren mit Projekten wie dem neuen Markt Mercat de Santa Caterina in Gang gebracht wurde, lässt auf eine große Zukunft auch für diese Gegend hoffen.

6 Insider-Tipps

GoCar

Im überdimensionalen Spielzeugauto herumfahren.

Palau de la Música

Musikgenuss erleben in einem modernistischen Konzertsaal.

Picassomuseum

Die Kunst des Meisters betrachten.

Bacoa

Die leckersten Hamburger von Barcelona probieren.

Vitra

Moderne Möbelklassiker bewundern.

Aire de Barcelona

Sich in einem arabischen Bad erholen.

● Sehenswürdigkeiten   ● Essen & Trinken
● Shoppen   ● 100% there

Sehenswürdigkeiten

(1) Der **Arc de Triomf** wurde nicht zu Ehren eines militärischen Sieges errichtet, sondern diente als Haupteingang zur Weltausstellung 1888, die im nahe gelegenen Parc de la Ciutadella stattfand. Der Triumphbogen ist ein beeindruckendes Bauwerk im neomaurischen Stil, entworfen von dem Architekten Josep Vilaseca i Casanova.
passeig de lluis companys, u-bahn: arc de triomf

(3) Das monumentale Bauwerk links neben dem Arc de Triomf ist der **Palau de Justicia**. Man kann einen Blick in die Eingangshalle erhaschen, doch das Gebäude ist nur für diejenigen zugänglich, die dort wirklich zu tun haben. Der Justizpalast Barcelonas wurde von den Architekten Enric Sagnier und Josep Doménech Estapá entworfen und im Jahr 1908 fertiggestellt.
passeig de lluis companys 14-16, u-bahn: arc de triomf

(10) **Círculo del Arte** ist eine Vereinigung von Kunstliebhabern und Sammlern. Die Galerie ist gratis zugänglich, und es finden regelmäßig Ausstellungen von bekannten internationalen Künstlern statt.
carrer de la princesa 52, www.circulodelarte.com, telefon: 93 2688820, geöffnet: sept.-jul. mo-fr 10.00-19.00, sa 10.00-14.00 & 16.00-20.00, aug. mo-fr 10.00-19.00, eintritt: frei, u-bahn: jaume i/arc de triomf

(11) Schokoladenfreunde kommen im **Museu de la Xocolata** voll auf ihre Kosten. Hier erfährt man alles über die Geschichte, den Herstellungsprozess und die (jawohl!) gesunden Auswirkungen von Schokolade. Hier gibt es zum Beispiel die bekanntesten Gebäude Barcelonas in Schokoladenausführung. Zum Anbeißen verführerisch ... Im Museumsshop kann man übrigens allerlei Süßes und Schönes kaufen.
antiguo de san agustin carrer comerç 36, www.museuxocolata.cat, telefon: 93 2687878, geöffnet: mo-sa 10.00-19.00, so & feiertage 10.00-15.00, eintritt: 5 €, u-bahn: arc de triomf

③ **PALAU DE JUSTICIA**

(21) Einigen Einwohnern Barcelonas zufolge ist die Sagrada Família das Gotteshaus der Touristen und die **Santa María del Mar** das des Volkes. Das gotische Kirchengebäude wurde im 14. Jahrhundert in nur 54 Jahren errichtet. Eine Legende besagt, dass alle Bewohner des Viertels ihren Teil dazu beigetragen haben. Mit Erfolg, denn die Ausmaße der Basilika werden einem erst im Innenbereich richtig bewusst. Die "Kathedrale des Meeres", wie man Santa María del Mar auch nennt, ist die Kirche der Seeleute und Hafenarbeiter, aber inzwischen auch der Favorit der Heiratswilligen. Sie müssen aber bis zu zwei Jahre warten, bis sie sich hier endlich das Jawort geben können.

plaça de santa maría, telefon: 93 3190516, geöffnet: mo-sa 9.00-13.30 & 16.30-20.00, so 10.30-13.30 & 16.30-20.00, eintritt: frei, u-bahn: jaume i

(28) In den 1960er-Jahren wurden zahlreiche Werke aus Picassos früher Schaffensperiode in einem alten Palast in der Carrer de Montcada gezeigt. Aus Dankbarkeit schenkte Picasso dem **Picasso-Museum** einige Jahre später fast 1000 Arbeiten. Das Museum war ein gewagter Schritt, denn der Maler war dem damals herrschenden Franco-Regime nicht gerade willkommen. Heute ist es eine der meistbesuchten Sehenswürdigkeiten der Stadt.

carrer de montcada 15-23, www.museupicasso.bcn.es, telefon: 93 2563000, geöffnet: di-so 10.00-20.00, eintritt: 11 €, u-bahn: jaumei

(29) Das **Museu Europeu d'Art Modern** (MEAM) ist das einzige Museum für moderne figurative Kunst Spaniens. Betrieben wird es von der *Fundació de les Arts i els Artistes*, einer Kunst- und Künstler-Stiftung. Das MEAM bietet figurativen Künstlern die Gelegenheit, ihre Werke auszustellen und so bekannt(er) zu werden. Ausgestellt sind nur Gemälde und Skulpturen aus dem 20. und 21. Jahrhundert.

carrer barra de ferro 5, www.meam.es, telefon: 93 3195693, geöffnet: di-so 10.00-19.00, eintritt: 7 €, u-bahn: jaume i

Essen & Trinken

② Im **Elsa y Fred** werden moderne Tapas kredenzt: international orientiert, mit neuester Technik zubereitet und schick präsentiert. Für musikalische Untermalung sorgen Jazzmusiker, die hier regelmäßig ihr Können zeigen. Tipp: Am Sonntag brunchen und hier den ganzen Nachmittag hängen bleiben.
carrer rec comtal 11, www.elsayfred.es, telefon: 93 5016611, geöffnet: täglich 8.30-1.00, preis: tapas ab 2,50 €, u-bahn arc de triomf

⑦ Bei **Big Fish** isst man Sushi und mediterrane Fischgerichte in einem Ambiente, das eher an New York erinnert. Der Fisch kommt frisch vom Fischmarkt der katalanischen Küstenstadt Arenys de Mar. Spezialität des Hauses sind die *gambas de Palamós*, von denen man sagt, sie seien die besten der ganzen Costa Brava.
carrer comercial 9, www.bigfish.cat, telefon: 93 2681728, geöffnet: di-do 13.30-16.00 & 20.30-0.00, fr-sa 13.30-16.00 & 20.30-0.30, preis: mittagsmenü 13 €, u-bahn: arc de triomf

⑧ Bei **La Paradeta** serviert man den Fisch in einer eher spartanischen Atmosphäre: Auf den ersten Blick ähnelt das Restaurant einer Fischbude. Man zeigt auf die gewünschte Mahlzeit und lässt sie wiegen. Dann bestellt man etwas zu trinken, zieht eine Nummer, lässt den Koch zaubern und wartet, bis man an der Reihe ist. Der Geheimtipp der Locals!
carrer comercial 7, www.laparadeta.com, telefon: 93 2681939, geöffnet: di-do 13.00-16.00 & 20.00-23.30, fr-sa 13.00-16.00 & 20.00-0.00, so 13.00-16.00, preis: 10 €, u-bahn: arc de triomf

⑨ Zwischen Kunstwerken gut essen – das kann man bei **Bestiari**. Überall hängen riesige Leinwände mit moderner Kunst. Das Mobiliar ist dunkel, wodurch spannende Lichteffekte entstehen. Auf der Karte stehen originell kombinierte Gerichte mit mediterranem Touch. Für den kleinen Hunger geht es ins Bestiari Burger direkt daneben.
carrer del comerç 25, bestiari.es, telefon: 93 2683080, geöffnet: täglich 13.00-16.00 & 20.30-23.00, preis: 14 €, u-bahn: arc de triomf

⑦

⑧

⑬ Die moderne spanische Küche hat in den letzten Jahren an Popularität gewonnen. Traditionelle Zutaten werden mit internationalen Elementen und innovativen Techniken kombiniert. **Comerç 24** ist der perfekte Ort, um diesen Trend kennenzulernen. Küchenchef Carles Abellan arbeitete über zehn Jahre in Ferran Adriàs berühmtem Restaurant elBulli. Tipp: das Tapas-Menü Festival. *carrer del comerç 24, www.carlesabellan.es, telefon: 93 3192102, geöffnet: di-fr 13.30-15.30 & 20.30-0.00, sa 20.30-0.00, preis: menü 64 €, u-bahn: arc de triomf*

(17) Abgesehen von ein paar Holztischen ist die Einrichtung von **Salero** fast komplett in Weiß gehalten, was den altmodischen Möbeln eine moderne Ausstrahlung verleiht. Auf der Karte findet eigentlich jeder etwas: Fisch, Fleisch sowie vegetarische Gerichte. Ideal, um ausgiebig zu schlemmen. Doch vorher bitte reservieren.
carrer del rec 60, telefon: 93 3198022, geöffnet: mo-sa 13.30-16.00 & 21.00-0.00, so 21.00-0.00, preis: 14 €, u-bahn: barceloneta

(20) **Café del Born** ist ein gemütliches Café im modernistischen Stil. Perfekt für eine Pause bei einer Tasse Kaffee. Abends verwandelt es sich in eine angesagte Adresse für die Partygänger des Viertels.
plaça comercial 10, telefon: 93 2683272, geöffnet: mo-do 10.00-2.30, fr-sa 10.00-3.00, preis: ab 2 €, u-bahn: jaume i

㉓ Bei **La Fianna** sitzt man auf Loungekissen und isst in orientalischer Atmosphäre köstliche Gerichte, die die Aromen aus Ländern wie Japan, Marokko und Thailand kombinieren. Das Magazin Vogue rief es schon vor Jahren zu einem der zehn besten Restaurants in Spanien aus.
carrer manresa 4, www.lafianna.com, telefon: 93 3151810, geöffnet: so-mi 18.00-1.30, do-sa 18.00-2.30, preis: 14 €, u-bahn: jaume i

㉗ **Palau Dalmases** ist einer der kleinen Paläste, die wohlhabende Kaufleute im 15. Jahrhundert in der Carrer de Montcada bauen ließen. Im Erdgeschoss befindet sich eine fantastische Bar mit barocker Einrichtung. Am Donnerstagabend steht Live-Oper auf dem Programm.
carrer de montcada 20, www.palaudalmases.com, telefon: 93 3100673, geöffnet: sept.-juni di-sa 21.00-2.00, so 18.00-22.00, juli & aug. di-sa 21.00-2.00, eintritt: je nach vorstellung, u-bahn: jaume i

㉚ **Princesa 23** macht jeden glücklich – mit Kaffee, Cocktails und Snacks (Tipp: die Nachos) oder einem ausgiebigen Mittagessen. Zudem kann man stundenlang auf den gemütlichen Loungesofas herumlümmeln.
carrer de la princesa 23, www.princesa23.es, telefon: 93 2688618, geöffnet: so-do 12.00-2.30, fr-sa 12.00-3.00, preis: ab 5 €, u-bahn: jaume i

㉜ **Café Alsur** ist Frühstückscafé, Restaurant und Loungebar in einem. Das Lokal mit der schönen Terrasse hat gleich mehrere Räume, in denen man auch kostenlos im Internet surfen kann. Auf der Karte stehen Tapas, aber auch größere Gerichte sowie köstliche Desserts. Der sonntägliche Brunch ist in der ganzen Stadt bekannt.
carrer dels carders 17, www.alsurcafe.com, telefon: 93 1825407, geöffnet: mo-do 12.00-1.00, fr 12.00-3.00, sa 10.00-3.00, so 10.00-1.00, preis: menü 18 €, u-bahn: jaume i

㉝ Die leckersten Hamburger der Stadt gibt's bei **Bacoa**, einem winzig kleinen Lokal hinter dem Mercat de Santa Caterina. Angeboten werden tolle Kombinationen: Hamburger mit Manchegokäse oder der japanische Terriyakiburger. Leider sind die Sitzplätze sehr begrenzt.
carrer dels colomines 2, telefon: 93 2689548, geöffnet: di-do 13.00-23.00, fr-sa 13.00-0.00, preis: € 6, u-bahn jaume i

Shoppen

(12) **MUTT** ist nicht nur ein Buchladen, sondern auch Ausstellungsraum für örtliche Künstler. Sogar die Bücher wirken wie Exponate – zu Recht, denn sie gehören zum Schönsten, was der Buchmarkt in puncto Kunst und Design zu bieten hat. Und dass sie sonst kaum erhältlich sind, gehört zur Geschäftsphilosophie des Inhabers Juanjo Fernández. Die schlichte weiße Einrichtung lässt die Bücher und Kunstwerke noch besser zur Geltung kommen.
carrer del comerç 15, www.mutt.es, telefon: 93 1924438, geöffnet: mo-sa 11.00-21.00, u-bahn: arc de triomf

(14) Schicke Vintagemode findet man bei **Le Swing**. Kleider, Pumps, Taschen und ausgefallene Accessoires, die aus Vintagemetropolen wie Paris und Los Angeles stammen. Ein tolles Geschäft mit hohem Glitter- und Glamourfaktor.
carrer del rec 16, www.leswingvintage.com, telefon: 93 3101449, geöffnet: mo-sa 11.00-15.00 & 17.00-20.30, u-bahn: barceloneta

(15) Der Designerladen **Vitra** ist bekannt für moderne Klassiker der Möbelwelt. Liebhaber finden hier unter anderem japanische Entwürfe von Shiro Kuramata und europäisches Design von Philippe Starck. Wenn es so aussieht, als habe das Geschäft bereits geschlossen: einfach kurz klingeln.
plaça comercial 5, www.vitra.com, telefon: 93 2687219, geöffnet: mo-fr 10.00-14.00 & 17.00-21.00, sa 10.30-14.00 & 17.30-20.00, u-bahn: arc de triomf

(16) **Coquette** ist ein Luxus-Modetempel mit eleganten Stücken, denen man nicht überall begegnet. Isabel Marant, Chloé, Marani, Sienna Miller und Vanessa Bruno sind einige der begehrenswerten Labels. Für ein stilvolles Outfit am Arbeitsplatz oder den glamourösen Auftritt bei der nächsten Party – hier ist man richtig. Und die passenden Accessoires gibt es auch noch.
carrer del rec 65, www.coquettebcn.com, telefon: 93 3192976, geöffnet: mo-fr 11.00-15.00 & 17.00-21.00, sa 11.30-20.30, u-bahn: barceloneta

(18) **Olive Barcelona** verkauft ausschließlich mediterrane Produkte. Natürlich gibt es auch exklusives Olivenöl, doch wie wäre es mit Olivenseife, Mandarinenöl oder Himbeeressig? Ein Tipp für Gourmets.
plaça de les olles 2, telefon: 93 3105883, geöffnet: mo-sa 10.00-20.30, u-bahn: barceloneta

(19) 2004 gründeten Clemente und Álvaro Cebrian ihr Modelabel **El Ganso**, inspiriert von typisch britischer Mode: Sakkos, Cordsamthosen und Marinelook. Wer einmal darauf achtet, wird die Schuhe von El Ganso sicher auch auf den Straßen Barcelonas entdecken.
carrer de la vidrieria 7, www.elganso.com, telefon: 93 2689257, geöffnet: mo-sa 11.00-21.00, u-bahn: jaume i

(22) Bei **Bubó** werden Törtchen zu Kunstobjekten, präsentiert wie in einer Galerie. Der preisgekrönte Konditor Carles Mampel ist der Meister dieser süßen Design-Leckereien.
carrer de les caputxes 10, www.bubo.ws, telefon: 93 2687224, geöffnet: mo-do 10.00-21.00, fr-sa 10.00-22.00, u-bahn: jaume i

(24) Im New Yorker Stadtteil Soho verliebte sich der Katalane Roger Amigó in ein Paar außergewöhnliche Schuhe. Er beschloss, nach Kalifornien zu reisen und deren Hersteller kennenzulernen. Mittlerweile importiert er die aus prachtvollem Leder gefertigten Schuhe schon seit einigen Jahren und verkauft sie erfolgreich in seinem Laden **Nu Sabates**.
carrer dels cotoners 14, www.nusabates.com, telefon: 93 268 03 83, geöffnet: mo-sa 11.00-21.00, u-bahn: jaume i

(25) Barcelona ist eine der vier weltweit wichtigsten Städte für Lomo-Fotografie. Deren Liebhaber werden sich daher in dem Geschäft **Lomography** wie im siebten Himmel fühlen. Es gibt ein breites Sortiment an Kameras, Büchern, Accessoires und Gadgets.
carrer d'en rosic 3, www.lomospain.com, telefon: 93 3197006, geöffnet: mo-sa 11.30-14.30 & 17.00-20.30, u-bahn: jaume i

26 Design-Souvenirs erbeutet man erfolgreich bei **The Cha Chá Original Shop**. Alles stammt garantiert aus Katalonien: schöne Stofftiere, trendy designte Gebrauchsobjekte, aber auch Tischsets und andere Küchenutensilien des Grafikdesigners Alexis Rom. Seine Kollektion wurde im Auftrag von Tapas Casa Lolo, einer Barceloner Tapasbar, entworfen und erwies sich schnell als Verkaufsschlager.
carrer de sant antoni dels sombreres 7, telefon: 93 3193779, geöffnet: mo-sa 13.00-19.00, u-bahn: jaume i

31 **Wawas** startete 2001 mit einer Reihe origineller Ansichtskarten. Doch mittlerweile hat sich die Marke zu einem echten Souvenirlabel entwickelt und selbst Schokoriegel und Geschirr wurden ins Sortiment aufgenommen. Im Geschäft findet man auch andere schöne Dinge wie die Aschenbecher von André Ricard, einem der tonangebenden Industriedesigner Barcelonas, oder die Amuse-Löffel von Ferran Adriàs innovativer Küchenlinie Faces.
carrer dels carders 14, www.wawasbarcelona.com, telefon: 93 3197992, geöffnet: mo-sa 11.00-14.00 & 17.00-20.30, so 12.00-14.00, u-bahn: jaume i

34 Wer sich gerne einmal auf einem katalanischen Markt des 21. Jahrhunderts tummeln möchte, sollte auf jeden Fall beim **Mercat Santa Caterina** vorbeischauen. Prunkstück des Marktgebäudes ist das wellenförmige Mosaikdach. Im Inneren verleiht die moderne Holzbalkenkonstruktion dem Markt eine warme Ausstrahlung. Ist gerade Essenszeit? Dann gehen Sie zum Cuines de Santa Caterina, einem Restaurant im Marktgebäude. Hier bekommt man garantiert die allerfrischesten Köstlichkeiten.
avinguda de francesc cambó 16, www.mercatsantacaterina.com, telefon: 93 3195740, geöffnet: mo 7.30-14.00, di-mi & sa 7.30-15.30, do-fr 7.30-20.30, u-bahn: jaume i

100% there

(4) Der **Parc de la Ciutadella** eignet sich perfekt für ein Picknick. Am Wochenende finden Veranstaltungen statt, und wenn nicht, sorgen musikalische Spanier für gute Stimmung. Der größte Park von Barcelona, in dem auch der Zoo liegt, wurde für die Weltausstellung 1888 angelegt.
parc de la ciutadella, u-bahn: barceloneta/ciutadella-vila olímpica

(5) Der **Zoo** von Barcelona war jahrelang der Wohnort von Albino-Gorilla Floquet de Neu (Schneeflocke), doch Barcelonas Maskottchen starb 2003. Trotzdem macht der Zoo – vor allem mit Kindern – eine Menge Spaß.
parc de la ciutadella, www.zoobarcelona.cat, telefon: 93 2256780, geöffnet: täglich sommer 10.00-19.00, winter 10.00-17.00, eintritt: 19,60 €, u-bahn: arc de triomf/barceloneta

(6) **Aire de Barcelona** ist ein Badehaus mit arabischem Ambiente. Man kann heiß, kalt oder lauwarm baden und sich dann auf warmen Marmorbänken erholen. Massagen werden auch angeboten. Reservieren ist notwendig.
passeig de picasso 22, www.airedebarcelona.com, telefon: 93 2955743, geöffnet: täglich 10.00-1.30, preis: ab 28 €, u-bahn: barceloneta

(35) Das **GoCar** ist eine Art vergrößertes Spielzeugauto, in dem man durch Barcelona fährt. Ein eingebautes Navigationssystem weist den Weg. Eine originelle Art, die Stadt zu besichtigen – und selbst gesehen zu werden, denn das auffällige gelbe Auto zieht die Aufmerksamkeit an.
carrer de les freixures 23 bis bajos, www.gocartours.es, preis: ab 39 €, u-bahn: jaume i

(36) Wenn man Musik und Architektur liebt, erlebt man im Konzertsaal des **Palau de la Música** einen faszinierenden Abend. Das reich verzierte, modernistische Gebäude wurde vom Architekten Lluís Domènech i Montaner entworfen und steht seit 1997 auf der Liste des UNESCO-Weltkulturerbes. Es gibt auch Führungen, eine Reservierung wird dann empfohlen.
carrer de sant francesc de paula 2, www.palaumusica.org, telefon: 90 2442882, geöffnet: täglich 9.30-15.30, preis: eintrittskarten am schalter (carrer palau de la música 4-6), u-bahn: urquinaona

PARC DE LA CIUTADELLA ④

El Born

SPAZIERGANG 2

Bei der U-Bahn-Station Arc de Triomf die Straße überqueren und entlang dem Arc de Triomf (1). Wer Appetit verspürt, kann hier rechts abbiegen und die Passeig de Lluís Companys Richtung Carrer Rec Comtal (2) überqueren. Ansonsten am Palau de Justicia (3) vorbei in Richtung Parc de la Ciutadella (4) gehen, um zu picknicken oder in Richtung Zoo (5), Denkmal oder Teich zu spazieren. Den Park durch den Passeig de Picasso verlassen, um ein Badehaus (6) zu besuchen, dann rechts in die Passatge Mercantil. Rechts in die Carrer Comercial, wo es guten Fisch gibt (7) (8). Links ab in die Carrer de la Fusina und rechts in die Carrer del Comerç (9). Rechts in der Carrer de la Princesa kann man Kunst bewundern (10) oder der Straße bis zum Schokoladenmuseum (11), einer Kunstbuchhandlung (12) oder dem Restaurant Comerç 24 (13) folgen. Dann zurück, rechts in die Carrer de la Princesa und in die erste links, die Carrer del Rec, zu tollen Läden und einem Restaurant (14) (15) (16) (17). Nach Salero ein kleines Stück zurück und links in die Carrer del Bonaire. Auf der Plaça de les Olles Olivenseife kaufen (18). Über Carrer dels Asses und Carrer de l'Espartería in die Carrer de la Vidriería (19). Danach in den Passeig del Born mit einem kurzen Stopp rechts im Café del Born (20), oder gleich links zur Santa María del Mar (21). Ein Stück Kuchen genießen (22). Der Carrer de l'Argentería folgen, links in die Carrer Manresa einbiegen, um lecker zu essen (23). Danach erneut der Carrer de l'Argentería folgen und am Ende rechts in die Carrer de la Princesa gehen. In die vierte Straße rechts, Schuhe shoppen (24). Der Straße folgen, dann die erste rechts. Am Ende wieder rechts, dann links in die Carrer dels Mirallers. Bei Lomography (25) links abbiegen. Auf der Carrer dels Banys Vells rechts gehen. Dann links in die Carrer de Sant Antoni dels Sombrerers für originelle Souvenirs (26). Für gute Cocktails (27) am Ende der Straße zweimal links, auf die Carrer de Montcada. Unter anderem befindet sich dort auch das Picasso-Museum (28) (29). Im Princesa 23 (30) einen Drink genießen. Den Weg fortsetzen und bei der Carrer dels Carders rechts abbiegen. An Wawas (31) vorbei, dann nach links. Bei Café Alsur (32) etwas trinken. Für einen Burger nach links (33). Danach rechts zum Mercat Santa Caterina (34). Die Straße zur Carrer de les Freixures überqueren, wo man ein GoCar (35) mieten kann. Am Ende rechts und direkt links in die Carrer de la Mare und Déu del Pilar. Am Ende wieder links, der Spaziergang endet am Palau de la Música (36).

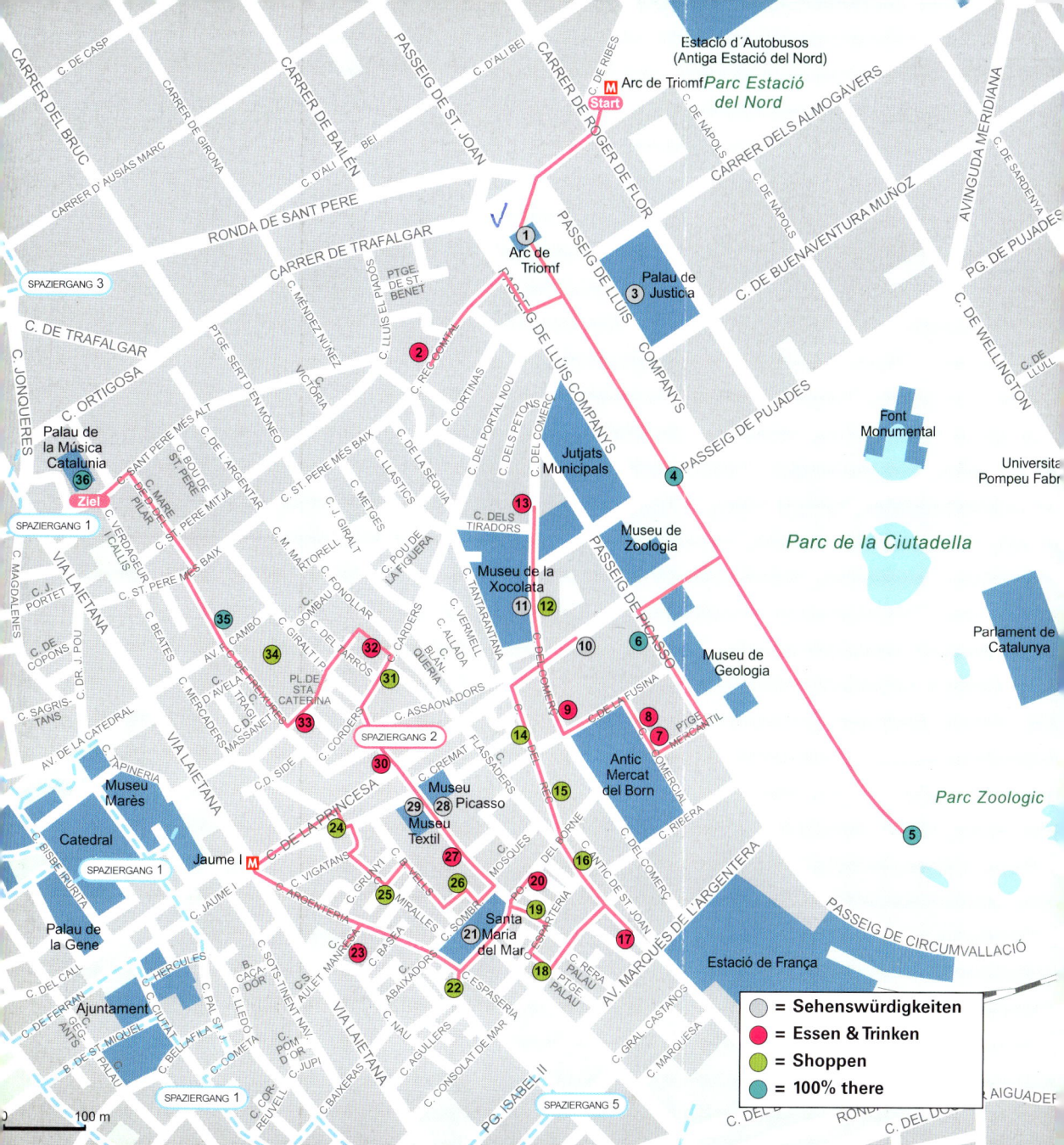

L'Eixample

Prachtbauten im modernistischen Stil

Als die Ciutat Vella (Altstadt) im 19. Jahrhundert aus allen Nähten platzte, brauchte man ein neues Wohnviertel. Der katalanische Architekt und Städtebauexperte Ildefons Cerdà entwarf daraufhin den Stadtteil L'Eixample, was schlicht "Ausweitung" bedeutet. Cerdà wollte, dass sich dort sowohl die gut betuchten Bürger als auch die Arbeiter zu Hause fühlten. So schuf er die inzwischen bekannten *manzanas* (Wohnblöcke). Hier konnten sich die Reichen von den Armen nur durch extravagante Fassaden unterscheiden, die noch heute das Straßenbild prägen. Nicht umsonst nennt man L'Eixample ein großes Freiluftmuseum.

Cerdà nahm damals schon Rücksicht auf den Verkehr. Er wusste, dass die Straßen voller werden würden. Daher entwarf er keine viereckigen Wohnblöcke, sondern achteckige *manzanas*. Mit den schrägen Wänden, die für eine gute Aussicht sorgen sollten, war er seiner Zeit weit voraus. Auch dachte man, dass der Wind auf diese Weise leichter durch die Straßen wehen könne,

3

somit für ein besseres Klima sorge und weniger Krankheiten zum Ausbruch kämen – zu jener Zeit ein durchaus interessanter Gedanke.

Ende des 19. Jahrhunderts tobten sich Architekten in dem neuen Stadtteil aus, und immer noch ist das L'Eixample *das* Musterbeispiel des katalanischen Modernisme. Diese Strömung entstand gegen Ende des 19. Jahrhunderts und war eine Variante von Art nouveau und Jugendstil. Antoni Gaudí ist der wohl bekannteste modernistische Baumeister und sein Meisterwerk, die Sagrada Família, liegt inmitten dieses Stadtteils, genau wie die bekannten Bauwerke Casa Batlló und Casa Milà. Der Distrikt verteilt sich in Eixample Esquerra (links) und Eixample Dreta (rechts), getrennt durch die luxuriöse Einkaufsmeile Passeig de Gràcia, die als die teuerste Straße Spaniens gilt. Die Promenade mit modernistischen Bänken und Straßenlaternen ist eine Sehenswürdigkeit an sich. Obwohl L'Eixample ein echtes Wohnviertel ist, findet man dort zahlreiche Bars, Restaurants und sehr gute Shoppingadressen.

6 Insider-Tipps

Sagrada Família

Gaudís Meisterwerk
bestaunen.

Vinçon

In einem tollen Designshop
herumstöbern.

Casa Batlló

Gaudís märchenhaftes
Haus besuchen.

Monvínic

Die Wunderwelt der
Weine entdecken.

Passeig de Gràcia

Über Barcelonas schickste
Promenade schlendern.

Velódromo

Eine Kaffeepause im
Grand Café einlegen.

⚪ **Sehenswürdigkeiten**   🔴 **Essen & Trinken**

🟢 **Shoppen**   🔵 **100% there**

Sehenswürdigkeiten

(1) **Hospital de la Santa Creu i Sant Pau** ist der größte modernistische Komplex Kataloniens. Das Krankenhaus wurde zwischen 1902 und 1930 nach einem Entwurf des Architekten Lluís Domènech i Montaner gebaut. Es besteht aus einem Hauptgebäude und 27 Pavillons, unterirdische Gänge verbinden die verschiedenen Krankensäle miteinander. Seit 1997 steht das Krankenhaus auf der Liste des UNESCO-Weltkulturerbes. In den Morgenstunden sind Führungen möglich.
carrer de sant antoni maria claret 167, www.santpau.cat, telefon: 93 2919000, geöffnet: täglich rund um die uhr, u-bahn: hospital sant pau

(2) Die **Sagrada Família** ist das bekannteste Symbol von Barcelona und Gaudís berühmtestes Bauwerk. An der Kathedrale wird schon seit 1886 gearbeitet, doch die Verfügung, dass die Sagrada Família vollständig aus Spenden finanziert werden muss, verzögert das Projekt. Aller Voraussicht nach wird das Kirchengebäude erst im Jahr 2025 fertig sein. Für einen Blick über die Stadt und auf die Kirche kann man den Lift nehmen. Ohne einen Besuch von Gaudís Meisterwerk ist eine Barcelona-Reise nicht komplett.
plaça de la sagrada família, www.sagradafamilia.cat, telefon: 93 5132060, geöffnet: täglich apr.-sept. 9.00-20.00, okt.-märz 9.00-18.00, eintritt: 14,80 €, u-bahn: sagrada família

(10) **Casa Batlló** hat als das Märchenschloss von Gaudí Berühmtheit erlangt. Das Haus ist eine Ode an den katalanischen Schutzpatron Sant Jordi (Sankt Georg), der laut einer Legende einen Drachen getötet haben soll. Die pastellfarbene Fassade erinnert zwar an die Schuppen eines Fisches, doch das Dach hat eindeutig die Form eines Drachenschwanzes. Das Gebäude ist im Besitz der Familie Bernat, die den weltberühmten Lutscher Chupa Chups erfunden hat. Der erste Stock zeigt eindrucksvoll, dass Gaudí auch im Bereich der Innenarchitektur ein Meister war.
passeig de gràcia 43, www.casabatllo.cat, telefon: 93 2160306, geöffnet: täglich 9.00-21.00, eintritt: 20,35 €, u-bahn: passeig de gràcia

(12) Manche sehen in der wellenförmigen Fassadenfront der **Casa Milà** eine Dünenlandschaft, andere ein Korallenriff. Im Volksmund bekam dieses markante Gebäude den Spitznamen La Pedrera ("der Steinbruch"). Gaudí arbeitete zwischen 1906 und 1910 daran, bevor er sich völlig in der Sagrada Família verlor. Es heißt, dass seine Vorliebe für natürliche Formen in diesem Gebäude am besten zu sehen ist: Es gibt keine einzige gerade Mauer.

carrer de provença 261, www.lapedrera.com, telefon: 90 2202138, geöffnet: täglich märz-okt. 9.00-20.00, nov.-febr. 9.00-18.30, eintritt: 16,50 €, u-bahn: diagonal

(16) **Palau Robert** war zu Beginn des 20. Jahrhunderts der Wohnsitz des reichen katalanischen Industriellen Robert Suris. Heute ist hier die katalanische Touristeninformation zu Hause. Man kann Ausstellungen besuchen oder einen Blick in den schönen Garten werfen.

passeig de gràcia 107, www.gencat.cat/palaurobert, telefon: 93 2388091, geöffnet: mo-sa 10.00-20.00, so & feiertage 10.00-14.30, eintritt: frei, u-bahn: diagonal

(24) Der Barceloner Künstler Antoni Tàpies hat mitten in L'Eixample ein eigenes Museum, die **Fundació Antoni Tàpies**. Seine Werke wurden in einem modernistischen Gebäude von Lluís Domènech i Montaner aus dem 19. Jahrhundert untergebracht. Die Fassadenstruktur, die aus Unmengen Stahldraht besteht, bildet das Kunstwerk *Wolke und Stuhl* und stammt aus Tàpies' eigener Hand. Tàpies ist hauptsächlich für seine abstrakten Arbeiten bekannt, die nach 1953 entstanden.

carrer d'aragó 255, www.fundaciotapies.com, telefon: 93 4870315, geöffnet: di-so 10.00-19.00, eintritt: 7 €, u-bahn: passeig de gràcia

(27) Neugierig, wie die modernistischen Wohnhäuser gegen Ende des 19. und Anfang des 20. Jahrhunderts eingerichtet waren? Im **Museu del Modernisme Català** kann man modernistische Möbel und Kunstwerke bewundern. Dort stehen Stühle, Frisiertische, Gemälde und Skulpturen unter anderem von Antoni Gaudí.

carrer de balmes 48, www.mmcat.cat, telefon: 93 2722896, geöffnet: mo-sa 10.00-20.00, so 10.00-14.00, eintritt: 10 €, u-bahn: universitat/passeig de gràcia

Essent & Trinken

(3) Außer Haus zu frühstücken ist in Barcelona die normalste Sache der Welt und **Clarés** eine gute Gelegenheit, das auch mal auszuprobieren. Sehr lange gibt es das Café noch nicht, aber es ist dermaßen beliebt, dass es gleich erweitert wurde. Jeden Tag werden Tische auf die Straße gestellt, sodass man im Freien zwischen Blumentöpfen mit einem guten Frühstück in den Tag starten kann.
carrer del bruc 162, www.cafetariaclares.com, telefon: 93 4591610, geöffnet: mo-fr 7.30-0.00, sa 8.00-1.00, preis: ab 1,50 €, u-bahn: verdaguer

(5) **Granja Petitbo** ist ein Café, in dem man Stunden verbringen kann, mit einem Buch oder einer Zeitung und währenddessen genießt man eine Suppe oder einen Saft. Die Retro-Einrichtung – große Tische, knallgelbe Lampen, eine alte Weltkarte an der Wand und sogar ein Schaukelstuhl – ist einfach gemütlich. Brunchen kann man hier auch, und zwar an Wochenenden.
passeig sant joan 82, www.granjapetitbo.com, telefon: 93 2656503, geöffnet: di-fr 8.30-20.30, sa 10.00-21.30, so 10.00-15.00, preis: tagesmenü 9 €, u-bahn girona

(8) **Casa Alfonso** ist ein Klassiker. Hier isst man schon seit drei Generationen traditionelle spanische Gerichte in einem mindestens genauso traditions-bewussten Ambiente. Man kann im gemütlichen, holzvertäfelten Restaurant essen oder an der Bar Tapas naschen.
carrer roger de llúria 6, www.casaalfonso.com, telefon: 93 3019783, geöffnet: mo-sa 8.00-1.00, preis: 17 €, u-bahn: urquinaona

(11) **Miu** ist die perfekte Adresse für einen Lunch à la *Sex and the City* mit ein paar Freundinnen. Für 12 Euro isst man als Vorspeise Suppe oder Salat, gefolgt von Sushi oder Maki, einem (kleinen) Hauptgericht und einer Nachspeise. Das Preis-Leistungs-Verhältnis der À-la-carte-Gerichte jedoch lässt zu wünschen übrig; man zahlt auch für die charmante Umgebung und die gute Lage am Passeig de Gràcia mit.
carrer de valencia 249, www.miurestaurant.com, telefon: 93 1932300, geöffnet: so-mo 13.00-15.45 & 20.30-23.00, di-do 13.00-15.45 & 20.30-23.30, fr-sa 13.00-15.45 & 20.30-0.00, preis: mittagsmenü 12 €, u-bahn: diagonal

(15) **Restaurant Moo** gehört zu dem ebenso stilvollen Hotel Omm. Design und Glamour stehen hier im Mittelpunkt, aber auch Qualität, denn die Küche wurde mit einem Michelin-Stern ausgezeichnet. Das Zehn-Gänge-Menü stammt von den Gebrüdern Roca, die ein erfolgreiches Drei-Sterne-Restaurant in der katalanischen Provinz betreiben. In der Moovida Lounge bekommt man Kleinigkeiten, die preislich etwas günstiger liegen als das Menü. Besonderes Detail: Zum Restaurant gehört ein Patio mit Gemüsegarten, in dem der Koch Obst, Gemüse und Kräuter holt.

carrer del rosselló 265, www.hotelomm.es, telefon: 93 4454000, geöffnet: mo-sa 13.30-16.00 & 20.30-23.00, aug. geschlossen, preis: zehn-gänge-menü inkl. wein 150 €, u-bahn: diagonal

(19) Restaurant **Murmuri** im gleichnamigen Hotel wurde von der britischen Innenarchitektin Kelly Hoppen eingerichtet, bekannt durch das Haus der Beckhams in Los Angeles. Prunkstück ist das violette Sofa. In der Küche schwingt der thailändische Chefkoch Ian Chalermkittichai den Kochlöffel und kombiniert das Beste seiner Heimat mit der katalanischen Küche.

rambla de catalunya 104, www.murmuri.com, telefon: 93 550 06 00, geöffnet: täglich 13.00-16.00 & 20.00-0.00, preis: 23 €, u-bahn: diagonal

(20) **Cervecería Catalana** wurde als eine der besten Tapasbars in Barcelona bekannt. Wenn man hereinkommt, sieht man die frischen Häppchen und traditionellen katalanischen Saisongerichte schon bereitstehen. Von exklusiven *montaditos* (belegtem Baguette) bis hin zu *patatas bravas* und *calçots* (katalanischen Frühlingszwiebeln) – hier kann man alles probieren.

carrer de mallorca 236, telefon: 93 216 03 68, geöffnet: mo-fr 8.00-1.30, sa-so 9.00-1.30, preis: ab 3 €, u-bahn: diagonal

(28) Ausnahmsweise mal keine Lust auf Tapas oder *plato combinado*, sondern auf der Suche nach einem Restaurant im Herzen der Stadt, das sich auf gesundes und vitaminreiches Essen spezialisiert hat? Auf zu **Hàbaluc**. Hier isst man Gerichte mit viel Gemüse, die aus ökologisch angebauten Zutaten zubereitet werden. Hübsch eingerichtet und mit einer herrlichen Terrasse vor der Tür.

carrer d'enric granados 30, telefon: 93 451 81 60, geöffnet: mo-fr 8.30-0.00, sa-so & feiertage 10.00-0.00, preis: mittagsmenü mo-fr 10 €, u-bahn: provença

CASA ALFONSO ⑧

(29) In der Cocktailbar **Tandem** nimmt man die Zubereitung der Drinks sehr ernst. Gläser, Zutaten, Temperatur und sogar das Eis – alles beste Qualität. Die Profis hinter dem Tresen informieren und überraschen gerne.

carrer d'aribau 86, www.tandemcocktail.com, telefon: 93 4514330, geöffnet: mo-mi 12.30-23.00, do-fr 12.30-2.30, sa 12.00-15.00 & 18.30-2.30, so 12.00-15.00 & 18.30-23.00, preis: 10 €, u-bahn: hospital clínic

(31) Als Spitzenkoch wusste Rafeal Peña genau, was in der Stadt noch fehlte. Unter dem Motto "gutes Essen braucht nicht übertrieben teuer zu sein" eröffnete er das Restaurant **Gresca**. Klein und ohne Firlefanz. Für das Mittagsmenü zahlt man keine 20 Euro. Das *menu de degustació*, speziell für Feinschmecker, kostet 45 Euro. Trüffel, Kaviar oder Austern braucht man hier nicht zu erwarten. Die Zutaten sind auffallend einfach und oftmals saisonabhängig.

carrer de provença 230, www.gresca.net, telefon: 93 4516193, geöffnet: mo-fr 13.30-16.00 & 20.30-23.30, sa 20.30-23.30, preis: menü 20 €, u-bahn: hospital clínic

(32) Außergewöhnliche Kronleuchter, Weinflaschen als Speisekarten und Zeitungsberichte an der Wand: **Semproniana** ist ein originelles Restaurant. Am Samstagnachmittag können Eltern in aller Ruhe essen, während ihre Kinder an einem Kochkurs teilnehmen. Auf der Karte stehen zeitgemäße Gerichte wie *canelones con botifarra* (Lasagne mit Wurst), die aus traditionellen katalanischen Zutaten zubereitet werden.

carrer del rosselló 148, www.semproniana.net, telefon: 93 4531820, geöffnet: di-sa 13.30-16.00 & 21.00-23.30, so-mo 13.30-16.00, preis: 18 €, u-bahn: hospital clínic

(33) Die Bar **Velódromo** ist ein Klassiker im eleganten Barcelona. Das Grand Café wurde 1933 eröffnet, und die Bar und der Billardtisch stammen noch aus jener Zeit. In den 1980er- und 1990er-Jahren war das Velódromo der Favorit unter den Bewohnern von L'Eixample. 2000 ging der damalige Eigentümer in Rente, und das Café wurde geschlossen. Die Barceloner Biermarke Moritz übernahm dann das Ruder, und das Velódromo wurde 2009 wiedereröffnet. Seitdem ist das Grand Café beliebter denn je.

carrer de muntaner 213, telefon: 93 4306022, geöffnet: täglich 6.00-3.00, preis: bier 1,70 €, u-bahn: hospital clínic

Shoppen

(4) **The Outpost** ist ein exklusives Geschäft für Männermode, das – wie es der Name andeutet – etwas außerhalb der bekannten Einkaufsstraßen von L'Eixample liegt. Der Mann von Welt findet hier Kleidung, doch das Geschäft hat sich hauptsächlich auf luxuriöse Accessoires spezialisiert.
carrer del rosselló 281 bis, www.theoutpostbcn.com, telefon: 93 4577137, geöffnet: mo-sa 10.30-14.30 & 16.30-20.30, u-bahn: diagonal

(6) Auf der Suche nach Raritäten, Sammlerstücken oder ungewöhnlichen Souvenirs? Dann sollten Sie im Geschenkeladen **Escribá** vorbeischauen. Hier findet man auch schöne Dinge, die mit Autogrammen von VIPs wie Mick Jagger oder den Stars vom FC Barcelona versehen sind. Daneben gibt's auch viele Antiquitäten und auffällige Accessoires.
carrer del bruc 70, www.grupescriba.com, telefon: 93 4881882, geöffnet: mo-sa 10.00-14.00 & 17.00-20.30, u-bahn: girona

(7) Die Niederländer Fieke und Olaf gründeten vor fast zehn Jahren das Babylabel Limobasics und eröffneten kurz darauf das allererste **Limobebe** in Gràcia. Mittlerweile existieren einige Filialen, darunter diese in L'Eixample. Hier kann man sich mit überraschend schönen Babysachen eindecken.
carrer de la diputació 278, www.limobebe.com, telefon: 90 2550883, geöffnet: mo-sa 10.30-20.00, u-bahn: passeig de gràcia

(9) **Passeig de Gràcia** ist Barcelonas vornehmste Einkaufsstraße. Hier shoppen die Reichen und Schönen bei Armani, Valentino und Swarovski. Das spektakuläre Geschäft von Replay sollte man unbedingt gesehen haben. Auch wenn das eigene Portemonnaie inzwischen leer ist – die Promenade ist ein Muss, denn hier stehen auch zwei der wichtigsten Werke von Gaudí..
passeig de gràcia, geöffnet: mo-sa 10.00-21.00, u-bahn: passeig de gràcia

(13) Das Designgeschäft **Vinçon** ist stadtbekannt. In dem Ausstellungsraum findet man die Arbeiten junger Künstler, und von der Terrasse im ersten Stock schaut man auf Gaudís Casa Milà. Hier gibt's tolle Möbel, aber auch kleine Gebrauchsgegenstände – alles schön designt.
passeig de gràcia 96, www.vincon.com, telefon: 93 2156050, geöffnet: mo-fr 10.00-20.30, sa 10.30-21.00, u-bahn: diagonal

(14) **Il Magazzino** ist ein Delikatessengeschäft mit ausschließlich italienischen Produkten: leckere Pasta, Soßen, Käse, aber auch hübscher italienischer Krimskrams für Küche, Bad und Wohnzimmer.

carrer del rosselló 253, www.delicatessenbarcelona.es, telefon: 93 6115667, geöffnet: mo-sa 10.00-21.00, u-bahn: diagonal

(17) Parallel zum Passeig de Gràcia verläuft die **Rambla de Catalunya**, eine weitere wichtige Shoppingmeile der Stadt. Hier kann man sich in die Filialen bekannter Modemarken stürzen, darunter Zara, oder sich in Einrichtungshäusern inspirieren lassen. Die vielen Straßencafés laden zu einer Pause ein.

rambla de catalunya, geöffnet: mo-sa 10.00-21.00, u-bahn: passeig de gràcia / diagonal

(18) Wer luxuriöse Secondhandmode sucht, ist bei **Paris Vintage** richtig. Hier hängt eine breite Kollektion Prêt-à-porter aus den 1950er- bis zu den 1980er-Jahren mit illustren Namen wie Coco Chanel und Gucci. Die dazugehörigen Accessoires findet man dort ebenfalls in Hülle und Fülle.

carrer del rosselló 237, entlo 1, www.parisvintage.net, telefon: 93 3685831, geöffnet: mo-sa 11.00-21.00, u-bahn: diagonal

(22) Der Lifestyleladen **Muji** überrascht mit praktischem, japanischem Design zu bezahlbaren Preisen. Es gibt schönen Kleinkram, originelle Aufbewahrungssysteme und witzige Gadgets. Die Philosophie ist simpel: einfache Produkte ohne Label, nachhaltig hergestellt.

rambla de catalunya 81, www.muji.com, telefon: 93 4676560, geöffnet: mo-fr 10.30-21.00, sa 10.30-21.30, u-bahn: diagonal

(23) Ein altmodisches Lebensmittelgeschäft hat viel mehr Charme als ein Riesen-Supermarkt, oder? Barcelona ist reich an Tante-Emma-Läden mit authentischem Stil, und **Colmado Quílez** ist ein Vorzeigeladen. Das Geschäft existiert schon seit über hundert Jahren, und man bekommt hier Olivenöl, Wein, spanischen Dosenfisch, Pasteten und andere Leckereien.

rambla de catalunya 63, www.lafuente.es, telefon: 93 2158785, geöffnet: mo-fr 9.00-14.00 & 16.30-20.30, sa 9.00-14.00, u-bahn: diagonal/passeig de gràcia

MUJI ㉒

㉚ **L'Appartement** – das Revier für Designfans. Hier kann man die neuesten Einrichtungstrends aufspüren und tolle Stücke von aufstrebenden europäischen Designern kaufen.
carrer de enric granados 44, www.lappartement.es, telefon: 93 4522904, geöffnet: mo-fr 10.30-15.00 & 16.30-21.00, sa 10.30-14.00 & 17.00-21.00, u-bahn: hospital clínic

100% there

(21) Bei **Masajes a 1.000** kann man sich nach einem langen Shopping- oder Museumstag verwöhnen lassen. Massagen, Gesichtsbehandlungen, Maniküre, Pediküre: Die Möglichkeiten sind grenzenlos, und man kann ohne vorherige Terminvereinbarung einfach Platz nehmen.
carrer de mallorca 233, www.masajesamil.com, telefon: 93 215 85 85, geöffnet: täglich 9.00-22.00, preis: 4,70 € pro 5 minuten, u-bahn: diagonal

(25) Weinliebhaber dürfen sich bei ihrem Barcelona-Besuch das hypermoderne Weincenter **Monvínic** nicht entgehen lassen. Hier kann man in der *sala de catas* Wein probieren, im Restaurant tafeln – natürlich mit einem guten Wein – oder mithilfe von Laptops in verschiedenen Räumen Wissenswertes über den Wein erfahren, den man gerade probiert. Jeder Sommelier ist auf die Weine eines besonderen Gebietes oder Landes spezialisiert. Es gibt auch ein Informationszentrum, in dem man in die Kultur des Weines eintauchen kann.
carrer de diputació 249, www.monvinic.com, telefon: 93 2726187, geöffnet: bibliothek mo-fr 11.00-23.30, weinbar mo-fr 13.00-23.30, restaurant mo-fr 13.30-15.30 & 20.30-22.30, u-bahn: passeig de gràcia

(26) **Club Coliseum** ist das Kultkino von Barcelona. Zu Beginn des 20. Jahrhunderts fanden hier über 1800 Zuschauer Platz. Diese Anzahl hat sich mittlerweile etwas reduziert, doch der Saal – der aus verschiedenen Stockwerken, Balkonen und Logen besteht – ist immer noch sehr eindrucksvoll. Auf der Webseite finden Sie das Programm.
rambla de catalunya 23, www.grupbalana.com/salas.asp, telefon: 90 2424243, preis: 8 €, u-bahn: passeig de gràcia

L'Eixample

SPAZIERGANG 3

Wenn man von der U-Bahn-Station Sant Pau den Berg in Richtung des gleichnamigen Krankenhauses (1) hinaufgeht, sieht man hinter sich die Spitzen der Sagrada Família. Nach einem Spaziergang durch die Pavillons des Krankenhauses über die Avinguda de Gaudí in Richtung von Gaudís Meisterwerk (2). Entlang dieser Straße kann man in einem der zahllosen Straßencafés entspannt Kaffee trinken. Von der Plaça de la Sagrada Família die Carrer de Sicília hinauf und dann links ab in die Carrer del Rosselló zum Frühstück (3) oder Shopping (4).
Die Avinguda Diagonal überqueren, ein Stück nach links und dann rechts in die Carrer del Bruc in Richtung Meer. Die dritte Straße links nehmen, um einen Kaffee zu trinken oder zu Mittag zu essen (5). Zurückgehen und erneut der Carrer del Bruc (6) folgen. Auf der Carrer de la Diputació rechts abbiegen. Lustige Baby- und Kinderkleidung kaufen (7). Oder in die Carrer de Roger de Llúria, um für später einen Tisch zu reservieren (8). Über Ronda de Sante Pere rechts ab in Richtung Plaça Catalunya und den Passeig de Gràcia (9) rechter Hand hinaufspazieren. Hier kann man zu Abend essen, shoppen, die Häuser von Gaudí oder einen ehemaligen Palast besichtigen (10) (11) (12) (13) (14) (15) (16). Am Ende in die Carrer de Còrsega links einbiegen. Links auf die Rambla de Catalunya (17). Unterwegs und in der Seitenstraße Carrer de Mallorca findet man Restaurants und Geschäfte (18) (19) (20) (21) (22) (23). Links um die Ecke in der Carrer d'Aragó moderne Kunst besichtigen (24). Zurück zur Rambla de Catalunya. Rechts ab in der Carrer de la Diputació zur Weinprobe (25) und noch eine Straße weiter ins Kino (26). Dieser Straße folgen, dann rechts ab, um die Kunst des Modernisme (27) in der Carrer de Balmes zu bestaunen. Links abbiegen und über die Carrer de Consell de Cent bis zur Carrer d'Enric Granados, dann rechts. Hier kann man etwas essen (28). Man kann auch links in der Carrer d'Aribau einen Cocktail trinken (29). Lust auf mehr Shopping oder ein anderes Restaurant? (30) (31) Danach weitergehen, links bei der Carrer del Rosselló entlang zu Semproniana (32), dann rechts in die Carrer de Muntaner. Die Straße entlang und den Spaziergang gemütlich abschließen (33).

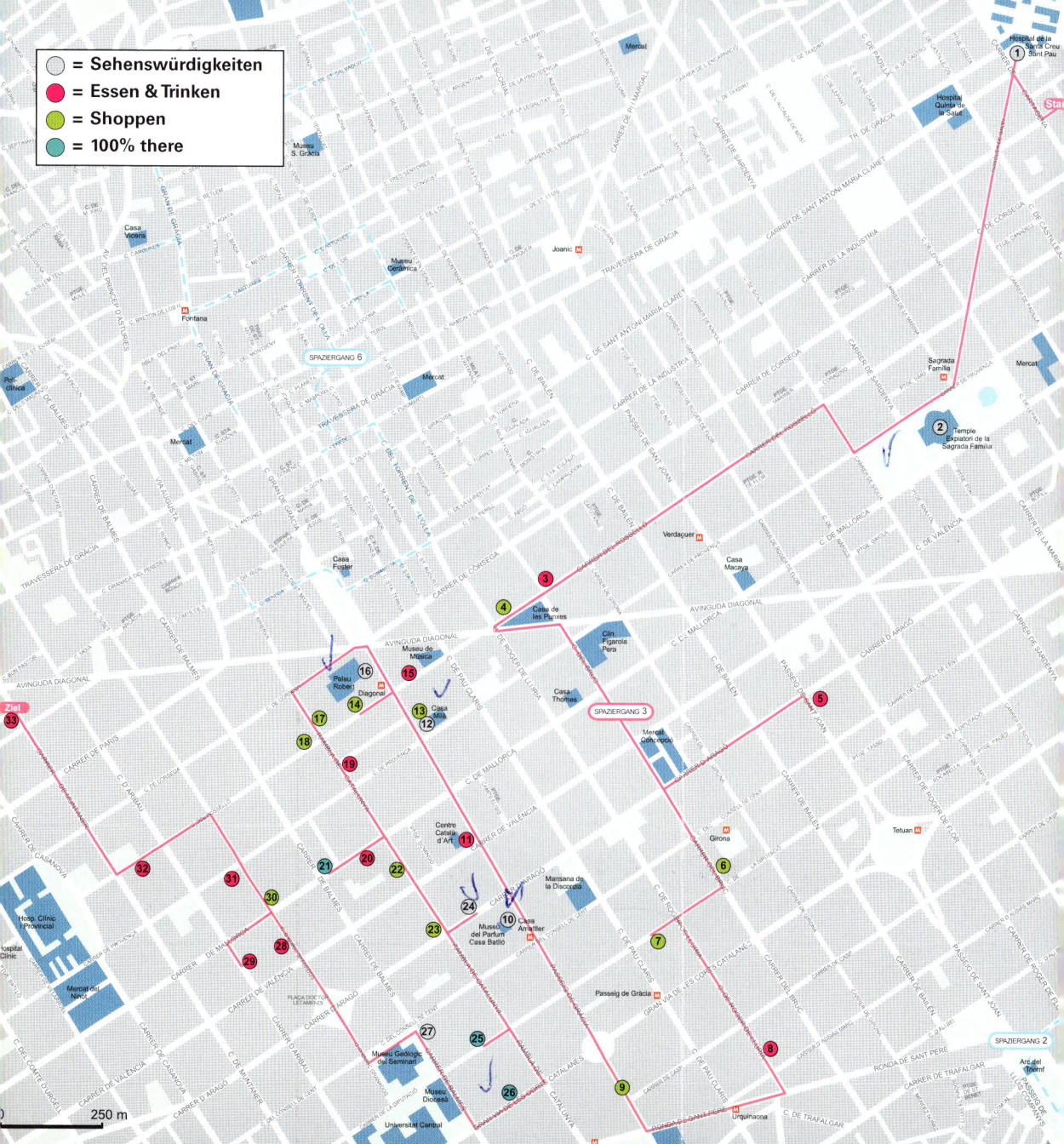

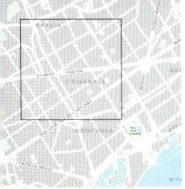

El Raval & Poble Sec

Ausgehen im Multikulti-Viertel

Sobald man auf seiner Wanderung durch die Stadt den ein oder anderen *berber* (Herrenfriseur), einer Bollywood-Videothek oder einem Falafel-Imbiss über den Weg läuft, wird man sich unweigerlich fragen, ob man überhaupt noch in Europa ist. Und es wird klar: Man ist in El Raval gelandet. El Raval (der Außenbezirk) war im 14. Jahrhundert das erste Ausweitungsprojekt Barcelonas und ist seit jeher ein Immigrantenviertel. Die ersten Neuankömmlinge trafen aus der katalanischen Provinz ein, später fanden hier Immigranten aus ganz Spanien ihr Glück, und seit einigen Jahrzehnten sieht man viele ausländische Einwanderer. Lange galt El Raval als Barcelonas berüchtigtstes *barri*. Mit der Eröffnung des MACBA, des Museums für zeitgenössische Kunst, im Jahr 1995 begann der Vormarsch des Viertels. Es bekam eine eigene Rambla, die als Treffpunkt aller Städter immer mehr an Bedeutung gewinnt. Schmuddelige Straßen wurden gesäubert und unbewohnbare Häuser abgerissen. Heute ist El Raval ein Hotspot für die Bohemiens der Stadt. Sie leben dort gemeinsam mit vor allem Pakistanis, Marokkanern und

4

Ecuadorianern. Ärmliche Gegenden und moderne Bauten liegen quasi Tür an Tür. Man darf sich nicht wundern, wenn man aus einer dunklen Gasse kommt und auf einmal vor einem Designhotel steht, vor dem Barcelonas Fashionfreaks herumspazieren. Die jahrhundertealten Klöster, die jetzt als Kunstmuseen genutzt werden, die gut besuchten Straßencafés und die angesagten Restaurants sind Grund genug, El Raval einen Besuch abzustatten.

Gleiches gilt für das angrenzende Poble Sec, das im 19. Jahrhundert Teil der Pläne von Ildefons Cerdà für das Wohnviertel L'Eixample war. Um 1900 war die Avinguda Paral.lel, die das Viertel an der Südseite von El Raval begrenzt, eine gefragte Amüsiermeile mit Revuetheatern, Konzertsälen und Kabaretts – Treffpunkt der Marinesoldaten, die in die Stadt einliefen. Seit einigen Jahren ist das Viertel auch bei den Einheimischen sehr beliebt, die dem Trubel der historischen Innenstadt entfliehen möchten. Dass Poble Sec an Popularität gewinnt, zeigt sich auch an dem stetig wachsenden Angebot von schönen Geschäften, Bars und Restaurants.

6 Insider-Tipps

Mercat de Boquería

Über einen echt spanischen Markt schlendern.

Fantastik

Sich auf die Suche nach originellem Krimskrams begeben.

Basílico

Lunchen mit den Einheimischen.

CCCB & MACBA

Stundenlang moderne Kunst bestaunen.

Riera Baixa

Attraktive Vintage-Objekte erstehen.

Tickets

Tapas von Superkoch Ferran Adrià probieren.

- Sehenswürdigkeiten
- Shoppen
- Essen & Trinken
- 100% there

Sehenswürdigkeiten

(13) Das **Foment de les Arts i Disseny (FAD)** ist eine Institution, die mithilfe von Ausstellungen und Lesungen für dekorative Künste wie Architektur, Design und Mode wirbt. Das FAD ist in einem alten Kloster aus dem 16. Jahrhundert untergebracht. In der Lobby kann man auf einer Designercouch Kaffee trinken.
plaça dels àngels 5-6, www.fad.cat, telefon: 93 4437520, geöffnet: mo-sa 11.00-20.00 (kann wechseln), eintritt: frei (mit ausnahme mancher events), u-bahn: universitat

(14) Das **Museu d'Art Contemporani de Barcelona (MACBA)** ist ein auffälliges, 1995 von dem amerikanischen Star-Architekten Richard Meier entworfenes Gebäude. Der Platz vor dem Museum ist wegen der knie- und hüfthohen Mauern und dem rollstuhlfreundlichen Marmoreingang bei Skatern als Hotspot bekannt. Auf der Webseite findet man Informationen zu den Sonderausstellungen.
plaça dels àngels 1, www.macba.cat, telefon: 93 4120810, geöffnet: 25. sept.-24 juni mo & mi-fr 11.00-19.30, sa 10.00-21.00, so 10.00-15.00, 25. juni-24. sept. mo & mi-fr 11.00-20.00, sa 10.00-21.00, so 10.00-15.00, eintritt: 9 €, u-bahn: universitat

(15) Das Gebäude, in dem sich das **Centre de Cultura Contemporània de Barcelona (CCCB)** befindet, steht schon seit dem 18. Jahrhundert. In diesem Komplex aus Hörsälen, Konferenzzimmern und Ausstellungsräumen stehen regelmäßig Vorstellungen und Ausstellungen über die Stadt auf dem Programm. Im Juni findet hier das populäre Musikfestival Sónar statt.
carrer de montalegre 5, telefon: 93 3064100, geöffnet: di-so 11.00-20.00, do bis 22.00, eintritt: 7 €, u-bahn: universitat

(23) **Virreina Centre de la Imatge** ist ein Palast aus dem 18. Jahrhundert mit vielen barocken Einflüssen, in dem immer eine interessante Ausstellung stattfindet, die manchmal sogar gratis besucht werden kann. Im Informationszentrum bekommt man den Kulturkalender sowie eine Übersicht über alle Museen der Stadt.
la rambla de sant josep 99, telefon: 93 3161000, geöffnet: di-so 12.00-20.00, eintritt: gratis, u-bahn: catalunya

⑬ **FOMENT DE LES ARTS I DISSENY (FAD)**

(26) Mitten in El Raval liegt das jahrhundertealte Krankenhaus **Antic Hospital de la Santa Creu**. 1926 starb hier Gaudí, nachdem er von einer Straßenbahn angefahren wurde. Heute befinden sich dort die Bibliothek von Katalonien und das Institut für katalanische Studien. Die Kapelle wird für Ausstellungen genutzt. Im ruhigen Garten liegt eines der schönsten Cafés der Stadt.
carrer de l'hospital 56, geöffnet: kapelle di-sa 12.00-14.00 & 16.00-20.00, so 12.00-15.00, u-bahn: liceu

(27) Das **Gran Teatre del Liceu** ist das berühmteste Opernhaus von Barcelona. Regelmäßig wird der rote Teppich ausgerollt, und Limousinen fahren vor. Mit 3500 Sitzplätzen ist es sogar eines der größten Theater der Welt. 1994 wurde das Gebäude bei einem Brand völlig verwüstet, nur die Vorderfront stand noch. Erst 1999 wurde es wiedereröffnet. Opernliebhaber erleben hier garantiert einen unvergesslichen Abend. Man kann das Haus nur besichtigen, wenn man auch eine Vorstellung besucht.
la rambla 51-59, www.liceubarcelona.com, telefon: 93 4859900, geöffnet: mo-fr 11.00-13.30 & 15.00-18.30 für nähere informationen, u-bahn: liceu

(28) **Palau Güell** war Gaudís erster großer Auftrag. Barcelonas Hausarchitekt baute den Palast im Auftrag seines guten Freundes Eusebi Güell, wobei das Budget keine Rolle spielte. Auch wegen der spektakulären Inneneinrichtung – sogar die Dachterrasse verdient den Titel "Prunkstück" – wurde das Bauwerk 1999 zum UNESCO-Weltkulturerbe auserkoren.
carrer nou de la rambla 3-5, www.palauguell.cat, telefon: 93 4725775, geöffnet: apr.-okt. di-so 10.00-20.00, nov.-märz di-so 10.00-17.30, eintritt: 12 €, u-bahn: liceu

Essen & Trinken

④ **The Dog is Hot** ist einer der hippen Läden, die das Image der Carrer de Joaquín Costa ordentlich aufgemöbelt haben. Keine normalen Hotdogs, sondern Exemplare mit mehr Füllungen und Soßen, als man es sich vorstellen kann. Perfekt für einen schnellen, aber originellen Snack.
carrer de joaquín costa 47, www.thedogishot.com, telefon: 93 1859517, geöffnet: mo-do 13.00-23.00, fr-sa 13.00-0.00, so & feiertage 18.00-23.00, preis: 5 €, u-bahn: universitat/sant antoni

⑤ Nach dem Abendessen noch Lust auf einen Drink? Dani Gómez machte seine Erfahrungen bei der legendären Cocktailbar Boadas und startete danach sein eigenes Unternehmen. **Negroni** konnte sich in null Komma nichts zum Favoriten unter den Cocktailliebhabern hocharbeiten. Stilvolle und minimalistische Einrichtung.
carrer de joaquín costa 46, www.negronicocktailbar.com, telefon: 6 15498465, geöffnet: mo-do & so 19.00-2.30, fr-sa 19.00-3.00, preis: 8 €, u-bahn: universitat/sant antoni

⑨ Bei **Big J's** isst man Hamburger in einem echten amerikanischen Diner, das am ehesten an einen Wohnwagen erinnert. Man wählt das Gewicht seines Burgers und bestellt Pommes frites und Salat dazu. Die Hamburger schmecken gut, sind aber nicht die besten der Stadt. Das Flair der 50er Jahre und die Milchshakes machen jedoch vieles wett.
carrer del carme 74, www.bigjburger.com, telefon: 93 4438067, geöffnet: täglich 13.00-3.00, u-bahn: sant antoni

⑩ **Bar Marmalade** passt perfekt zu El Raval als Hotspot Barcelonas. Am Freitagnachmittag ist es während der Happy Hour proppenvoll, und es tummeln sich hier die Schönen und Reichen. In dem ehemaligen Möbelgeschäft kann man loungen, Tapas essen und in Art-déco-Atmosphäre Billard spielen.
carrer riera alta 4-6, www.marmaladebarcelona.com, telefon: 93 4423966, geöffnet: täglich 18.00-2.00, preis: tapas ab 4 €, u-bahn: sant antoni

ROSA DEL RAVAL ⑫

(12) Bei **Rosa del Raval** werden die Tacos und Tortillas auf geblümten Kunst-stofftischdecken serviert. An den Wänden baumeln Riesensombreros und anderer mexikanischer Kitsch. Das Essen ist jedoch gut und günstig. Am Nachmittag gibt es eine Happy Hour mit Margaritas und Mojitos.
carrer dels àngels 6, www.rosaraval.com, telefon: 93 3042681, geöffnet: mo-do & so 13.00-0.30, fr-sa 13.00-1.30, preis: 7 €, u-bahn: liceu

(17) Ultrahippes, aber vegetarisches Essen? Im neu eröffneten Lokal von **Teresa Carles** schließt sich das nicht aus. Teresa Carles ist selbst passionierte Vegetarierin und hat sogar ein Kochbuch geschrieben. Im katalanischen Lleida eröffnete sie ihr erstes Restaurant, jetzt findet man sie auch in Barcelona.
carrer dels jovellanos 2, www.teresacarles.com, telefon: 93 3171829, geöffnet: täglich 9.00-0.00, preis: tagesgericht 7,50 €, u-bahn: catalunya

(19) **Dos Palillos** sieht auf den ersten Blick aus wie eine authentische spanische Bar, doch wenn man weiter eintaucht, steht man in einem puritanisch eingerichteten, asiatisch angehauchten Speisesaal. An der Bar isst man asiatische Tapas, und im Restaurantbereich bekommt man ein Fein-schmeckermenü, das vom Koch persönlich am Tisch zubereitet wird.
carrer d'elisabets 9, www.dospalillos.com, telefon: 93 3040513, geöffnet: di-mi 19.30-23.30, do-sa 13.30-15.30 & 19.30-23.30, preis: menü ab 50 €, u-bahn: catalunya

(20) **En Ville** ist bekannt als eines der nettesten Restaurants im Zentrum von Barcelona: elegant eingerichtet und mit einer mediterranen Küche. Hier kann man Stunden verbringen!
carrer del doctor dou 14, www.envillebarcelona.es, telefon: 93 3028467, geöffnet: so-mo 13.00-16.00, di-sa 13.00-16.00 & 20.00-23.30, preis: 14 €, u-bahn: universitat

(22) Bei **DosTrece** kann man sehr gut lunchen oder einen guten Cocktail trinken. In der hippen Lounge im Keller findet jeden dritten Sonntag des Monats ab 18.00 Uhr ein Kunst- und Flohmarkt statt. Tipp: die kleine Terrasse.
carrer del carme 40, http://dostrece.net, telefon: 93 3017306, geöffnet: täglich: 10.00-0.00, preis: mittagsmenü 11 €, u-bahn: liceu

㉙ Das **Hotel Barceló Raval**, das im Volksmund den Spitznamen „Lampenschirm" bekam, hat sich positiv auf das Image des Viertels El Raval ausgewirkt. Auch wenn man kein Zimmer gebucht hat, kann man auf der Dachterrasse des Hotels einen Cocktail genießen. Die Terrasse bietet einen schönen Blick über die Stadt.

rambla del raval 17, www.barceloraval.com, telefon: 93 320 14 90, geöffnet: täglich 18.00-1.00, preis: mojito 10 €, u-bahn: sant antoni / liceu

29 HOTEL BARCELÓ RAVAL

(31) **La Confitería** war einmal ein Süßwarenladen im modernistischen Stil. Die ursprüngliche Einrichtung wurde so weit wie möglich erhalten, und heute wird das Geschäft als Café genutzt. Große Spiegel, eine Marmorbar und Kristalllampen vermitteln das Gefühl, dass die Zeit stehengeblieben ist.
carrer de sant pau 128, telefon: 93 4430458, geöffnet: täglich 8.30-3.00, aug. 15.00-3.00, preis: ab 1,50 €, u-bahn: paral·lel

(33) Bei **Quimet & Quimet** findet man die vermutlich besten kalten Tapas von ganz Barcelona. Vor allem die Schalentiere und *montaditos* (belegtes Baguette) sind berühmt, aber man kann auch feinen Käse und andere Delikatessen bekommen. Keine Erleichterung für müde Beine: Hier isst man seine Tapas im Stehen.
carrer del poeta cabanyes 25, telefon: 93 4423142, geöffnet: mo-fr 12.00-16.00 & 19.00-22.30, sa 12.00-16.00, preis: ab 3 €, u-bahn: paral·lel

(34) Eine echte Empfehlung für einen entspannten Lunch ist das **Basílico**. Für 10 Euro schlägt man sich in gemütlicher Atmosphäre den Bauch voll. Touristenhorden trifft man hier nicht, dafür aber viele Einheimische während ihrer Mittagspause. Das Menü wechselt täglich und ist nicht immer für Vegetarier geeignet.
avinguda del paral·lel 142, www.restaurant-basilico.com, telefon: 93 4237376, geöffnet: täglich 13.00-15.45 & 20.30-23.30, preis: mittagsmenü mo-fr 10 €, u-bahn: poble sec

(35) Nie die Möglichkeit gehabt, bei elBulli zu essen? Kein Grund zur Trauer. Jetzt kann man die kulinarischen Kreationen von Chefkoch Ferran Adrià auch in seinem Tapasladen **Tickets** probieren. Ein ultimatives kulinarisches Erlebnis; nicht nur wegen der avantgardistischen Häppchen, sondern auch wegen des extravaganten Rahmens. Reservieren sollte man weit im Voraus über die Webseite.
avinguda del paral·lel 164, www.ticketsbar.es, geöffnet: di-sa 19.00-23.00, so 13.00-15.00, preis: etwa 50 € pro person, u-bahn: poble sec

Shoppen

(1) Lampen aus den Sechzigern, Spiegel aus den Vierzigern und Möbel aus den Siebzigern. Für ausgefallene Secondhandmöbel und Gebrauchsobjekte mit einem Retro- oder Vintage-Touch ist man bei **Fusta'm** genau richtig. Die Inhaber des Ladens haben alle Gegenstände eigenhändig restauriert.
carrer de joaquín costa 62, www.fustam.cat, telefon: 93 1651022, geöffnet: mo-sa 11.00-21.00, u-bahn: universitat

(2) Im bizarren Basar **Fantastik** findet man Dinge, die Haus und Leben schöner machen – von indischen Kleiderbügeln über bulgarische Spielkarten bis hin zu türkischen Schüsseln. Es scheint, als käme alles direkt von den exotischsten Märkten der ganzen Welt.
carrer de joaquín costa 62, www.fantastik.es, geöffnet: di-sa 12.00-20.30, mo 16.00-20.30, u-bahn: universitat

(3) Bei **Chandal** fühlt man sich als Erwachsener wieder wie ein Kind. Das Geschäft ist vollgestopft mit Retro-Spielsachen, LPs, Musikinstrumenten, altem Geschirr und anderen bezaubernden Dingen. Die altmodische Atmosphäre sorgt für gute Laune. Manchmal finden hier Konzerte statt.
carrer de valldonzella 29, www.chandal.tv, telefon: 93 3028471, geöffnet: mo-sa 11.00-22.00, u-bahn: universitat

(6) Les **Topettes** ist ein kleiner Laden für Menschen, die exklusive Kosmetik-produkte schätzen. Die Einrichtung verleiht dem Raum eine gewisse Ähnlichkeit mit einem – aufgeräumten – Atelier. Außer attraktiv verpackten Seifen und edlen Handcremes findet man hier auch Kerzen und Geschirr.
carrer de joaquín costa 33, www.lestopettes.com, telefon: 93 5005564, geöffnet: mo 16.00-21.00, di-sa 11.00-14.00, 16.00-21.00, u-bahn: universitat / sant antoni

(8) In einer Stadt wie Barcelona ist eine schicke Sonnenbrille kein über-flüssiger Luxus, sondern ein Muss. Bei **Wilde Vintage** findet man exzentrische Exemplare von Designerlabels wie Dolce & Gabbana, Versace, Gucci und Ray-Ban. Damit kommt man gut durch den Sommer.
carrer de joaquín costa 2, www.wildestore.com, telefon: 6 54455057, geöffnet: mo-sa 12.00-15.00 & 16.00-21.00, u-bahn: sant antoni

FANTASTIK ②

⑪ In der Straße **Riera Baixa** gibt es das größte Vintage-Angebot des ganzen Viertels. Von originellen Kostümen und Taschen aus den 1930er-Jahren bis zu den schrillen Klamotten aus den Neunzigern. Samstags hängen die Inhaber ihre Prachtstücke einfach auf die Straße.
carrer de la riera baixa, geöffnet: mo-sa 11.00-14.00 & 17.00-21.00, u-bahn: sant antoni

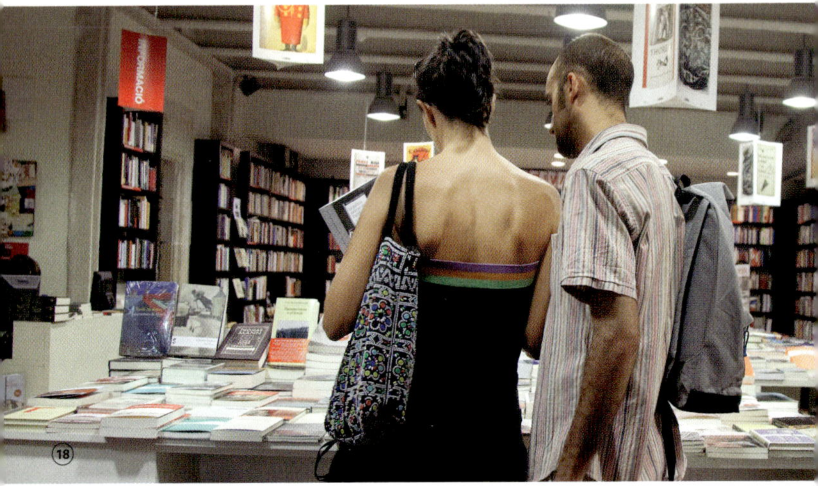
INFORMACIÓ
18

adidas
11

30

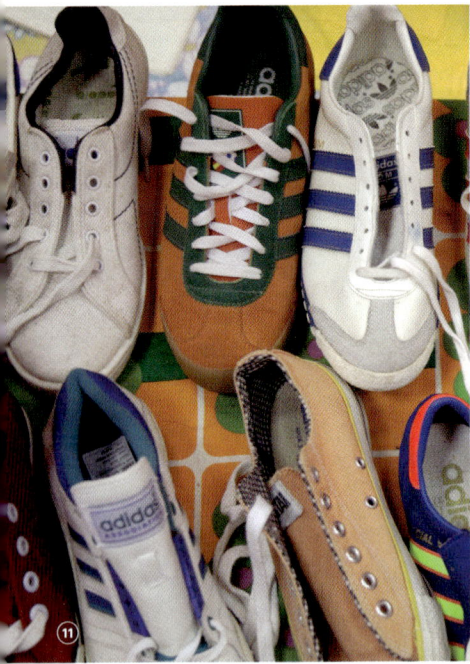

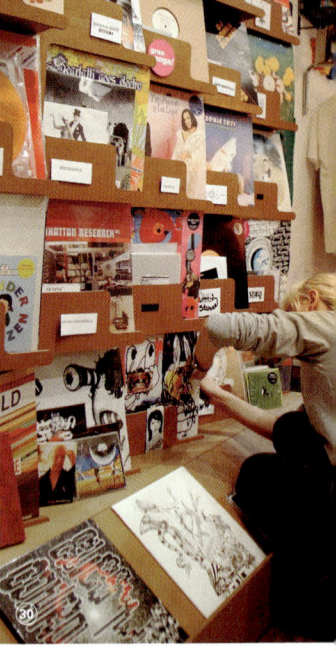

(16) Vintage-Liebhaber sind in El Raval an der richtigen Adresse. **Holala Plaza** ist zweifellos der spektakulärste Vintage-Shop. Hier findet man Secondhand-kleidung, bequeme Sofas und Retro-Wohnaccessoires, aber auch eine bemerkenswerte Büchersammlung.
plaça de la castilla 2, www.holala-ibiza.com, telefon: 93 3020593, geöffnet: mo-sa 11.00-21.00, u-bahn: universitat

(18) **La Central del Raval** ist unumstritten das beste Büchergeschäft in Barcelona. In der enorm großen Sammlung, darunter auch englische Bücher, kann man stundenlang stöbern. Für die Kleinen gibt es eine Kinderecke.
carrer dels elisabets 6, www.lacentral.com, telefon: 90 0802109, geöffnet: mo-fr 10.30-21.00, sa 10.00-21.00, u-bahn: catalunya

(21) **Santa Rita** ist ein Paradies für Designliebhaber. Bücher, Platten und witzige Objekte – wohin man schaut. Die Geschäftsinhaber, die Schwestern Helena und Adriana, wählen sorgfältig aus, was sie sich ins Haus holen und präsentieren es auf eine besonders ansprechende Weise.
carrer del doctor dou 11, telefon: 93 2690800, geöffnet: mo-sa 12.00-14.00 & 16.30-20.30, u-bahn: liceu/universitat

(24) Der Markt **Mercat de Boquería** ist bekannt für seine Frischwaren. Schon im 13. Jahrhundert boten hier Metzger auf hölzernen Tischen ihr Fleisch an. Glücklicherweise ist die Boquería noch nicht an ihrem eigenen Erfolg zugrunde gegangen: Frische Tapas und Produkte der Region mussten glücklicherweise nicht weichen, um kitschigen T-Shirts, bedruckt mit einem spanischen Stier, sowie Plastikfächern Platz zu machen.
la rambla 99, www.boqueria.info, geöffnet: mo-sa 8.00-20.30, u-bahn: liceu

(25) **Escribà** befindet sich in einem modernistischen Eckhaus an La Rambla und verkauft schon seit 1906 die (nach Meinung vieler) leckersten Kuchen von Barcelona. Man kann dort auch ein ausgefallenes Geschenk erstehen: Die Candyglamcollection von Escribà besteht aus Ringen mit einem auffälligen, glänzenden "Stein" aus Süßigkeiten.
la rambla de les flors 83, www.escriba.es, telefon: 93 3016027, geöffnet: täglich 8.30-21.00, u-bahn: liceu

㉜ **EL MOLINO**

100% there

(7) In dem Weingeschäft **Sexy Wine** kann man nicht nur kostengünstigen Wein erstehen, sondern auch an Weinproben und Kursen teilnehmen. Eine nette Art, Wissen rund um den Rebensaft zu sammeln. Und die Weine, die man dort bekommt, sind allesamt sehr köstlich.
carrer de joaquín costa 8, telefon: 93 3294938, geöffnet: mo-sa 16.00-22.30, u-bahn: universitat

(30) Lust auf eine neue Frisur, aber Angst, trotz des intensiven Einsatzes von Händen und Füßen nicht verstanden zu werden? Bei **Anthony Llobet**, dem Friseur für *guiris* (ausländische Barceloner) kann man sich unbesorgt die Haare schneiden lassen. Llobet ist selbst Katalane, in seinem Geschäft arbeiten aber Friseure aus aller Herren Länder. Ein Termin ist notwendig.
carrer de sant pau 122, www.anthonyllobet.com, telefon: 93 4413177, geöffnet: mo-sa 11.00-15.00 & 16.00-20.00, preis: ab 20 €, u-bahn: paral·lel

(32) Das legendäre "Moulin Rouge" von Barcelona öffnete Ende 2010 nach einem Umbau von 13 Jahren erneut seine Türen. Schon vor der Wiedereröffnung war **El Molino** als das neue "Mekka des Kabarett" der Stadt bekannt. Das Durchschnittsalter des Publikums ist etwas höher. Programminformationen stehen auf der Webseite.
carrer de vilà i vilà 99, www.elmolinobcn.com, telefon: 93 2055111, u-bahn: paral·lel

El Raval & Poble Sec

SPAZIERGANG 4

Von der U-Bahn-Station Universitat rechts ab, über die Ronda de Sant Antoni in die Carrer de Joaquín Costa zum Shoppen oder für einen guten Drink. ①②③ ④⑤⑥⑦⑧. Am Ende gibt es links leckere Hamburger ⑨, zwei Mal nach rechts bei Lust auf Cocktails ⑩, oder in die Carrer de Riera Baixa ⑪, um sich mit Vintage-Kleidung einzudecken. Am Ende zwei Mal links bis zur Carrer del Carme. Dort nach rechts und die erste links gehen. In der Carrer dels Angèls kann man mexikanisch essen ⑫. Weiter zur Kultur in Richtung Plaça dels Angèls ⑬⑭. In das CCCB ⑮ oder nach rechts für Vintage-Mode ⑯ und rechts in die Carrer dels Tallers. Links in der Carrer del Jovellanos finden Sie ein gutes vegetarisches Restaurant ⑰. Rechts in die Carrer dels Ramellers und am Ende wieder nach rechts in die Carrer Elisabets, wo es schöne Bücher gibt ⑱ und man asiatische Tapas essen kann ⑲. Links in die Carrer del Doctor Dou ⑳㉑. Folgen Sie der Straße bis zur Carrer del Carme und dann links. Weiter laufen zum Platz, wo es ein schönes Restaurant mit Terrasse gibt ㉒. Dann bis zur La Rambla. Nach rechts in Richtung Meer und entlang des Virreina Centre de la Imatge ㉓, dem Frische- markt Boqueria ㉔ und der berühmtesten Patisserie der Stadt ㉕. Über den Markt schlendern und zur Rückseite gehen. Dort nach links laufen und in die Carrer de l'Hospital, rechts liegt das alte Krankenhaus ㉖ mit dem herrlichen Innenhof. Wieder Richtung La Rambla und rechts abbiegen. Bis zum Gran Teatre del Liceu ㉗ laufen. Rechts in die Carrer Nou de la Rambla abbiegen und den Palau Güell ㉘ besichtigen. Rechts in die Seitenstraße Carrer de les Penedides und bei Carrer de Sant Pau links abbiegen. Man überquert die Rambla del Raval ㉙. Am Ende der Carrer de Sant Pau befinden sich verschiedene Bars und ein englisch- sprachiger Friseur ㉚㉛. Linker Hand über die belebte Parallel zur El Molina ㉜, dann rechts und wieder links in die Carrer de Poeta Cabanys ㉝ einbiegen. Rechts auf die beliebte Carrer de Blai spazieren. Man erreicht den Paral.lel, wo man ein günstiges, aber leckeres Lunchmenü bekommt und exklusive Tapas essen kann ㉞㉟.

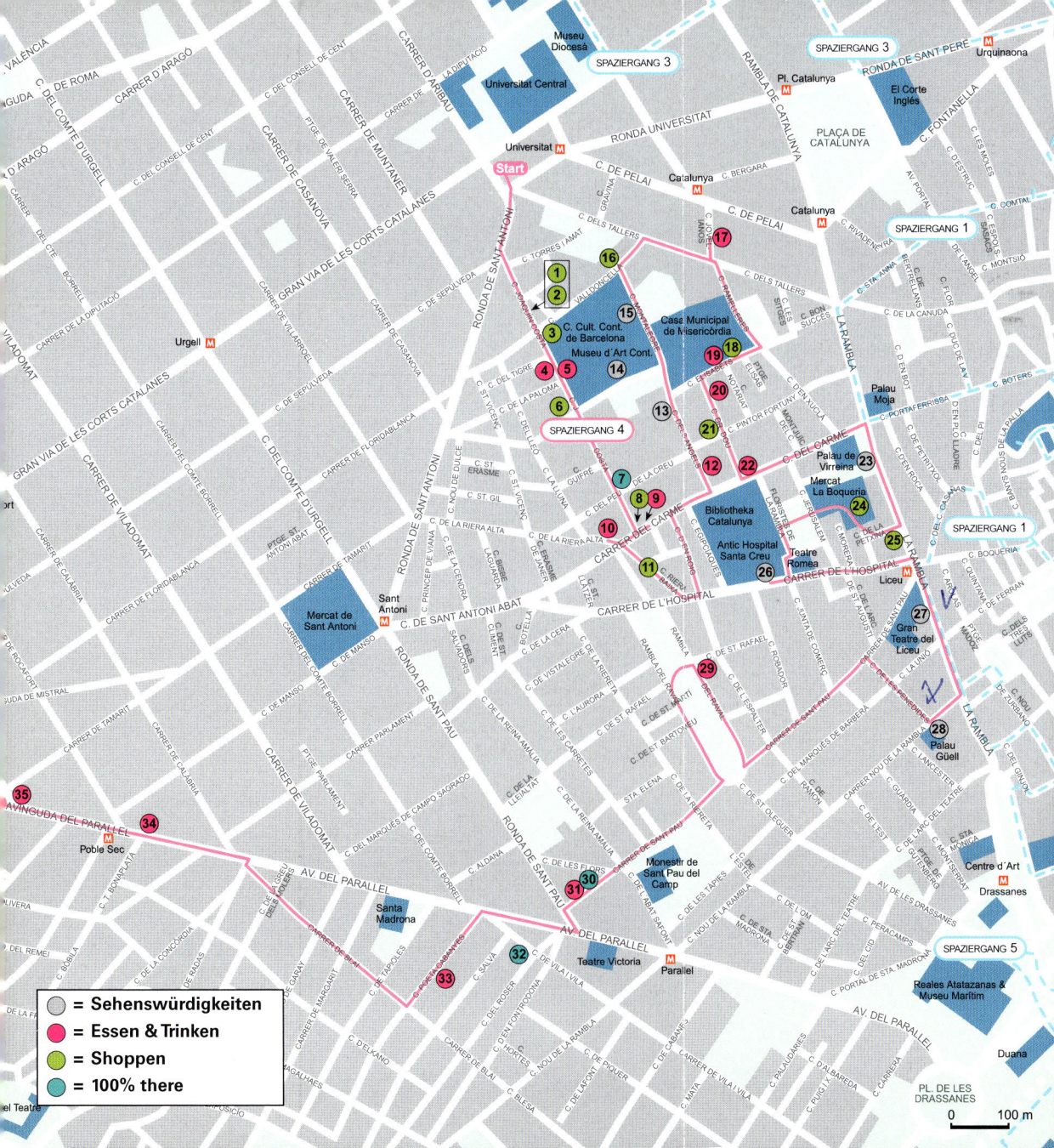

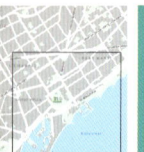

Barceloneta, Vila Olímpica & Poble Nou

Relaxte Strandatmosphäre und aufregendes Nachtleben

Diese Viertel liegen alle drei direkt am Strand von Barcelona und werden dadurch während der heißen Sommermonate zu den Hotspots der Stadt. Viel mehr Übereinstimmungen gibt es allerdings nicht zwischen den Stadtteilen Barceloneta, Vila Olímpica und Poble Nou. Sucht man authentische Tapas-bars und gute Fischrestaurants, dann ist man in Barceloneta gut aufgehoben. Dieses Fischerviertel wurde im 18. Jahrhundert erbaut. Richtung Meer reiht sich entlang des Passeig de Borbó ein Straßencafé an das andere. Hier liegt auch das stattliche Historische Museum und der alte Hafen mit seinen romantischen Segelbooten und den schicken Motorjachten.

Will man die Atmosphäre des echten Barceloneta von früher erleben, kann man jede beliebige Seitenstraße nehmen und in das Viertel eintauchen. An den altmodischen Balkons flattert saubere Wäsche, und die Einheimischen suchen Abkühlung in den schmalen Straßen. Schaut man entlang der Küsten-linie nach Norden, entdeckt man Barcelonas Twin Towers in der Ferne. Das

5

luxuriöse Hotel Arts befindet sich im linken Turm. Die Wolkenkratzer sind Teil des Olympischen Dorfes, Vila Olímpica, das anlässlich der Sommerspiele 1992 erbaut wurde. In diesem Viertel mit Miami-Flair kann man sich auf gemütlichen Lounge-Sofas in exklusiven Clubs zurücklehnen. Oder ein Spiel im Casino wagen und sich danach in einem der vielen Tanzlokale ins Nachtleben stürzen. Und am Sonntagnachmittag, wenn halb Barcelona an der Uferpromenade entlangflaniert, ist das der beste Ort zum People-Spotting.

Ein Stück weiter liegt das alte Industrieviertel Poble Nou, das in den letzten Jahren komplett umgekrempelt wurde. Alte Werkshallen wurden in Designlofts und Künstlerateliers verwandelt, und entlang der Avinguda Diagonal entstand ein architektonisches Schmuckstück nach dem anderen. Auf dem modernen Forum, wo riesige Solarmodule an der Küste emporragen, finden unter anderem Musikfestivals und Konferenzen statt. Auch das enorm große Einkaufszentrum zieht eine Menge Leute an.

6 Insider-Tipps

Museu d'Història de Catalunya

In Kataloniens Geschichte eintauchen.

Sal Café

Retro-Dinner mit Blick aufs Meer genießen

Bliss Spa

Sich in einem schicken Spa verwöhnen lassen.

Jai-Ca

Zwischen den Locals frische Tapas essen.

Torre Agbar

Barcelonas modernstes Symbol besichtigen.

Vioko

Hausgemachtes Eis zum Strand mitnehmen.

- ⚪ Sehenswürdigkeiten
- 🟢 Shoppen
- 🔴 Essen & Trinken
- 🔵 100% there

Sehenswürdigkeiten

(1) Im **Museu d'Història de Catalunya** erfährt man im Rahmen einer interaktiven Tour alles über die Geschichte Kataloniens, von der Prähistorie bis zu den neuesten Ereignissen. Das Gebäude, in dem sich das Museum seit 1996 befindet, war früher ein Lagerhaus und ist ein gutes Beispiel katalanischer Hafenarchitektur gegen Ende des 19. Jahrhunderts. Tipp: Von der Dachterrasse hat man eine fantastische Aussicht über den Hafen.
plaça pau vila 3, www.mhcat.net, telefon: 93 2254700, geöffnet: mi 10.00-20.00, di & do-sa 10.00-19.00, so & feiertage 10.00-14.30, eintritt: 4 €, u-bahn: barceloneta

(6) Mit dem Kolumbus-Denkmal am Ende der La Rambla erinnerte Barcelona im 19. Jahrhundert an dessen Ankunft in der Stadt, nachdem er die Neue Welt entdeckt hatte. Dass er in die falsche Richtung zeigen würde, ist ein häufig behaupteter Irrglaube. **Kolumbus** deutet nämlich nicht nach Amerika, sondern nach Italien, wo er (höchstwahrscheinlich) herstammte. Wenn man mit dem Aufzug nach oben fährt, hat man einen schönen Blick über Stadt und Meer.
plaça del portal de la pau s/n, geöffnet: juni-sept. 9.00-20.30, mai & okt. 9.00-20.00, nov.-apr. 10.00-18.30, eintritt: 3 €, u-bahn: drassanes

(7) Im **Museu Marítim** lernt man Barcelonas Rolle als Seemacht der Vergangenheit, Gegenwart und Zukunft kennen. Die umfangreiche Schifffahrtssammlung ist im ehemaligen Gebäude der Reial Drassanes untergebracht, der königlichen Schiffswerften. Glanzstück ist die Nachbildung des Schiffes von Don Juan de Austria, das 1571 an diesem Ort gebaut wurde.
avinguda drassanes s/n, www.mmb.cat, telefon: 93 3429920, geöffnet: täglich 10.00-20.00, eintritt: 7 €, u-bahn: drassanes

(19) Das Kunstwerk **Homenatge a la Barceloneta** (Hommage an Barceloneta) der deutschen Künstlerin Rebecca Horn wurde anlässlich der Olympischen Spiele am Strand aufgestellt. Heute nutzen Strandliebhaber die aufeinandergestapelten rostfarbenen Kuben als Treffpunkt.
platja de la barceloneta, u-bahn: barceloneta

㉘ **Cementeri de l'Est** ist Barcelonas ältester Friedhof. Ein Bischof gab 1773 den Auftrag zu seiner Errichtung, da er die Toten nicht mehr in den Gärten der Klöster begraben wollte. Die Mausoleen der reichen Städter sind sehr eindrucksvoll, ebenso die aufeinandergetürmten, mit zahllosen Blumen, Fotos und – in unseren Augen – kitschigen Objekten geschmückten Gräber.
carrer del taulat 2, telefon: 93 2251661, geöffnet: täglich: 8.00-18.00, eintritt: frei, u-bahn: llacuna

㉛ Das **Museu Can Framis** widmet sich der modernen katalanischen Kunst. Das Museum ist in einer alten Fabrik untergebracht, die auf besonders eindrucksvolle Weise umgebaut wurde. Nicht umsonst erhielten die Planer des Gebäudes einen Architekturpreis von der Stadt Barcelona.
carrer de roc boronat 116, www.fundaciovilacasas.com, telefon: 93 3208736, geöffnet: di-sa 11.00-18.00, so 11.00-14.00, aug. geschlossen, eintritt: 5 €, u-bahn: glòries/llacuna

㉜ Der Turm **Torre Agbar** ist ein Beleg für Barcelonas Drang nach Innovation. Der 142 m hohe Wolkenkratzer ist ein Entwurf des französischen Architekten Jean Nouvel. Die blauen und roten Sonnenblenden werden abends mit LED-Lampen beleuchtet. Die Auftraggeber nannten das Gebäude "Patronenhülse", doch im Volksmund bekam der Turm wegen seiner Form ein paar grobere Spitznamen verpasst. Das Gebäude ist leider nicht für Besucher zugänglich. In den Souvenirshop kann man allerdings hineinschauen.
avinguda diagonal 209-211, www.torreagbar.com, telefon: 93 3422129, geöffnet: laden mo-do 8.30-13.00 & 14.00-16.30, sa 10.00-15.00 & 16.00-19.00, so 10.00-15.30, u-bahn: glòriès

㉝ 2011 wurde Barcelonas Designzentrum, **Disseny Hub** (DHUB), eröffnet. In dem kastenartigen Gebäude, das über den Verkehrskreisel Glòries ragt, sind das Museum für dekorative Künste und das Textilmuseum untergebracht. Das DHUB ist ein Zentrum, das sämtliches Wissen rund um die Designwelt thematisiert. Neben der festen Sammlung werden hier auch wechselnde Ausstellungen und Aktivitäten organisiert.
plaça de les glòries catalanes 37-38, www.dhub-bcn.cat, telefon: 93 2566713, geöffnet: di-so 10.00-18.00, eintritt: frei, u-bahn: glòries

Essen & Trinken

(2) Bei einem Barcelona-Besuch sollte man ein Gläschen Cava probieren. Bei **Can Paixano**, im Volksmund als "La Xampagneria" bekannt, geschieht das nicht glas-, sondern gleich flaschenweise. Obwohl es eigentlich ein Geschäft ist, ist es vor allem als Bar sehr beliebt. Man steht zwischen Einheimischen, Touristen und internationalen Austauschstudenten. Die Brötchen sind als Grundlage beim ausschweifenden Cava-Genießen sehr zu empfehlen.
carrer de la reina cristina 7, telefon: 93 3100839, geöffnet: mo-sa 09.00-22.30, aug./sept. drei wochen geschlossen, preis: flasche cava & 2 belegte brötchen 10 €, u-bahn: barceloneta

(3) Die Geschichte des Restaurants **7Portes** geht bis ins 19. Jahrhundert zurück. Der reichste Katalane dieser Zeit, Josep Xifré i Cases, ließ 1836 neben seiner Wohnung mit Büroraum ein Grand Café mit sieben Portalen (*7 portes*) für das Publikum bauen. Ab 1929 wurde 7Portes auch als Restaurant berühmt. Auf der Karte stehen typisch katalanische Gerichte wie *canelones* und Kabeljau-Beignets. Stimmungsvoll: die Live-Klaviermusik.
passeig d'isabel ii 14, www.7portes.com, telefon: 93 3193033, geöffnet: täglich 13.00-1.00, preis: 18 €, u-bahn: barceloneta

(10) Das luxuriöse Restaurant **Torre d'Alta Mar** liegt in 75 m Höhe und bietet eine spektakuläre Aussicht über die Stadt. Der Ort ist Treffpunkt von Geschäftsleuten, Promis und Architekten mit einer Vorliebe für Hightech-Design. Genauso exklusiv wie der Ort sind die fein kombinierten Gerichte auf der Karte. Schön, aber teuer.
passeig joan de borbó 88, www.torredealtamar.com, telefon: 93 2211007, geöffnet: mo-sa 13.00-16.00 & 21.00-23.30, preis: mittagsmenü 48 €, u-bahn: barceloneta

SANTA MARTA ⑱

⑭ Den Einheimischen von Barceloneta ist **Jai-Ca** durchaus ein Begriff. Viele Nachtschwärmer kommen am Wochenende hierher, um ihren Kater mit frittierten Häppchen zu vertreiben. Auf einen freien Tisch wartet man an der Bar, wo die Party meist in vollem Gange ist. Etwas Wissen über das katalanische Tapasangebot ist praktisch, denn eine Speisekarte gibt es nicht. Man kann seine Bestellung aber auch aufgeben, indem man auf die einzelnen Tapas an der überfüllten Bar zeigt. Spezialität: *mejillones* (Muscheln) in Tomatensauce.
carrer de ginebra 13, telefon: 93 2683265, geöffnet: täglich 9.00-0.00, preis: ab 4 €, u-bahn: barceloneta

(15) **Can Ramonet** ist ein Klassiker im Fischerviertel Barceloneta. Die exklusiven Tapas – vor allem viel Fisch – werden schon beim Hereinkommen auf großen Weinfässern präsentiert. Unwissende Touristen laufen häufig vorbei, doch Kenner wissen den Weg in die älteste Bar der Gegend (1763) nur zu gut. Sollte es in der Bar zu voll sein, keine Panik: Vielleicht passt man noch ins dazugehörige Restaurant El Nou Ramonet.
carrer de la maquinista 17, www.elnouramonet.com, telefon: 93 3193064, geöffnet: täglich 12.00-0.00, jan./febr. zwei wochen geschlossen, preis: 17 €, u-bahn: barceloneta

(17) **Vioko** ist die bei Weitem angesagteste Eisdiele, die man in Strandnähe finden kann. Der Laden ist in Händen von Argentiniern, die genau wissen, wie leckeres Eis schmecken muss. Eisessen wird hier zum Happening. Man bekommt auch hausgemachte Schokolade und Makronen. Himmlisch!
passeig de don joan borbó 55, www.vioko.es, telefon: 93 2210652, geöffnet: täglich 11.00-22.00, preis: je liter 18 €, u-bahn: barceloneta

(18) **Santa Marta** ist eine willkommene Abwechslung zwischen den überfüllten Stadtlokalen am Boulevard von Barceloneta. Hier kann man sich bei einem Sandwich oder einem Cocktail an heißen Tagen im Schatten der Terrasse zurücklehnen. Wenn die Meeresbrise durch die Haare streift und man der Musik lauscht, dann erscheint die Stadt ganz weit weg.
carrer de grau i torras 59, telefon: 6 91236801, geöffnet: täglich 10.00-22.00, nov.-märz 11.00-22.00, preis: ab 4,50 €, u-bahn: barceloneta

(21) **Bar Leo** ist der richtige Platz, um die volkstümliche Atmosphäre des Fischerviertels Barceloneta zu genießen. Das Zepter hat hier Leo in der Hand, eine Frau mittleren Alters, die die Wände ihrer Kneipe dazu nutzt, der Flamencolegende Bambino zu huldigen. Man sollte die Bar am besten sonntags zur Lunchzeit besuchen, einen Wermut bestellen und wie alle anderen bei *cervezas* und Tapas, Musik und Gemütlichkeit stundenlang hängen bleiben.
carrer de sant carles 34, geöffnet: täglich, wechselnde öffnungszeiten, preis: ab 1,50 €, u-bahn: barceloneta

㉒ Eigentlich kann man es kaum als Restaurant bezeichnen, dennoch bekommt man bei **El Xiringo** wirklich fantastische Gerichte. Das Lokal selbst bietet leider nur ein paar Sitzplätze, doch Hähnchen aus dem Ofen, gegrilltes Gemüse und andere mediterrane Kleinigkeiten kann man natürlich auch zum Picknick an den Strand mitnehmen. Es werden auch gute Weine verkauft.
carrer de sant carles 23, elxiringo.wordpress.com, telefon: 93 2247545, geöffnet: di-fr 12.00-16.00 & 20.00-0.00, sa-so 12.00-0.00, preis: 8 €, u-bahn: barceloneta

㉓ **Sal Café** ist zweifellos das eleganteste Strandlokal von Barceloneta. Die Terrasse liegt fast im Sand, und drinnen schaut man durch die Glasfront in Richtung Meer. Loungesitze, ein voller Bücherschrank, Barhocker mit Retro-Touch und eine Kombination von mediterranen Fischgerichten mit asiatischen Zutaten sorgen für einen perfekten Tag.
passeig marítim de la barceloneta s/n, www.salcafe.com, telefon: 93 2240707, geöffnet: mo-mi 12.00-17.00, do-fr 12.00-17.00 & 20.30-22.30, sa 11.00-23.00, so 11.00-18.00, preis: 10 €, u-bahn: barceloneta

㉔ Bei **Agua** kann man regelrecht am Strand zu Abend essen. Das Restaurant hat eine typisch mediterrane Küche, und als Kleinigkeit vorab wählt man aus dem Tapasangebot. Die Einrichtung ist schlicht, aber gemütlich, die Kunst an der Wand originell, die Bedienung freundlich, und während die Sonne untergeht, schaut man aufs Meer. Was will man mehr? Bei der Reservierung sollte man um einen Tisch auf der Terrasse bitten.
passeig marítim de la barceloneta 30, www.aguadeltragaluz.com, telefon: 93 2251272, geöffnet: mo-do 13.00-15.45 & 20.00-23.30, fr 13.00-15.45 & 20.00-0.30, sa 13.00-16.30 & 20.00-0.30, so 13.00-16.30 & 20.00-23.30, preis: 25 €, u-bahn: ciutadella-vila olímpica

㉙ **Els Pescadors** genießt den Ruf, eines der besten Fischrestaurants von Barcelona zu sein. Hier versammelten sich die Fischer und Fabrikarbeiter von Poble Nou im 10. Jahrhundert auf einen Schluck Wein und ihre tägliche Portion *pescadito frito* (frittierter Fisch). Die authentische Taverne wurde um zwei moderne Speisesäle erweitert, und im Sommer sitzt man wunderschön draußen auf der Terrasse.
plaça de prim 1, www.elspescadors.com, telefon: 93 2252018, geöffnet: täglich 13.00-15.45 & 20.00-23.30, preis: 25 €, u-bahn: poble nou

Shoppen

(5) Der kleine **Antikmarkt** auf der Plaça Portal de la Pau, zwischen Kolumbus-Denkmal und Hafen, ist am Wochenende ein Muss für Antiquitätenliebhaber. Dann werden hier an mehr als zwanzig Ständen Schmuck, Sammlerobjekte und Nippes angeboten. Feilschen ist erlaubt.
plaça portal de la pau, geöffnet: sa-so 8.00-20.00, u-bahn: drassanes

(16) Der Frischemarkt **Mercat de la Barceloneta** bildet mit seinem modernen Restaurant und den Aquarien voller lebender Fische einen scharfen Kontrast zum Rest des authentischen Barceloneta. Einheimische machen hier ihre Einkäufe und versammeln sich auf dem Platz, um die neuesten Gerüchte auszutauschen.
plaça font 1, www.mercatdelabarceloneta.com, telefon: 93 2216471, geöffnet: mo-do & sa 7.00-15.00, fr 7.00-20.00, u-bahn: barceloneta

(20) Bei **Woki Wok** bekommt man asiatische Produkte und die üblichen Zutaten für einen gelungenen Strandtag. Wenn man die Sonnencreme oder den Strandhut vergessen hat, ist man hier an der richtigen Adresse. Das Geschäft ist gleichzeitig auch ein Take-away. Man wählt selbst die Basis seines Wokgerichts, die Beilagen und die Soße. Einen Bio-Fruchtsaft dazu und schnell wieder zurück an den Strand!
passeig marítim de la barceloneta 1, telefon: 93 2241251, geöffnet: täglich 12.00-22.00, u-bahn: barceloneta

100% there

(4) Will man die Welt unter der Wasseroberfläche entdecken, geht man zu **L'Aquarium**, einem der größten Aquarien in ganz Europa. Dort schwimmen Hunderte verschiedener Fischsorten, es laufen Pinguine herum und man kann sogar Rochen streicheln.

maremagnum, www.aquariumbcn.com, telefon: 93 221 74 74, geöffnet: sept.-juni mo-fr 9.30-21.00, sa-so 9.30-21.30, juli-aug. täglich 9.30-23.00, eintritt: 19 €, u-bahn: barceloneta

(8) Die Boote von **Las Golondrinas** pendeln zwischen der Küste von Barcelona und dem weiter weg gelegenen Forum. Um die Stadt vom Meer aus zu betrachten, kann man Touren von einer halben bis zu zwei Stunden wählen. Man sollte sich vor Ort über die genauen Abfahrtszeiten informieren, da diese, je nach Wetter, wechseln können.

moll de les drassanes, www.lasgolondrinas.com, telefon: 93 4423106, geöffnet: täglich, preis: ab 7 €, u-bahn: drassanes

(9) Vom Strand bei Torre Sant Sebastià kann man mit der **Telefèric** zum Montjuïc fahren. Diese Seilbahn ist der Schauplatz einer spannenden Szene aus dem Buch *Das Spiel der Engel* von Carlos Ruiz Zafón. Auf dem Gipfel angekommen, sollte man auf der Terrasse des Freiluftcafés La Caseta de Migdia eine Pause einlegen.

telefèric, www.telefericodebarcelona.com, telefon: 93 4304716, geöffnet: täglich nov.-febr. 11.00-17.30, märz-mai 11.00-19.00, juni-aug. 11.00-20.00, sept.-okt. 11.00-19.00, preis: hin und zurück 16,50 €, u-bahn: drassanes / barceloneta

(11) Der Motorroller ist aus Barcelonas Straßenbild nicht wegzudenken. Man kann einen Roller mieten und kreuz und quer zu allen touristischen Highlights oder den ruhigeren Plätzen fahren. Wenn man sich nicht allein in den Verkehrstrubel wagt, entscheidet man sich für eine Fahrt mit Führer. **Cooltra** verleiht auch Inlineskates.

passeig joan de borbó 80-84, www.cooltra.com, telefon: 93 2214070, geöffnet: täglich juni-aug. 9.00-21.00, sept.-mai 10.00-20.00, preis: ab 25 €, inlineskates 5 €, u-bahn: barceloneta

BLISS SPA ⑬

⑫ Sich am Meer sonnen ohne Sand zwischen den Zehen! Im Schwimmbad von Barceloneta, dem **Club Natació Atlètic-Barceloneta**, ist das möglich. In diesem Freibad kann man in zwei großen Außenschwimmbädern planschen. *plaça del mar, www.cnab.org, telefon: 93 2210010, geöffnet: 21. juni-21. sept. mo-sa 7.00-23.00, so 8.00-20.00, restliche zeit mo-sa 7.00-23.00, so 8.00-17.00, preis: 11,65 €, u-bahn: barceloneta*

⑬ **Bliss Spa** liegt in Barcelonas angesagtestem Hotel, dem Hotel W. Man braucht dort nicht zu übernachten, um sich mal richtig verwöhnen zu lassen. Erholen kann man sich im Spa, bei einer Pediküre oder Massage. *hotel w, plaça de la rosa dels vents, www.blissworld.com, telefon: 93 2952858, geöffnet: täglich 8.00-22.00, preis: ab 30 €, u-bahn: barceloneta*

㉕ **Biciclot** vermietet auffällige gelbe Fahrräder, mit denen man die Stadt entdecken kann. Auch kann man an verschiedenen Radtouren teilnehmen, Themen sind unter anderem "die Altstadt", "Modernisme" und "von Ost nach West". Auch lustig: ein Tandem oder Dreirad für Erwachsene.
passeig marítim de la barceloneta 33, www.biciclot.net, telefon: 93 2219778, geöffnet: täglich 10.00-20.00, preis: ab 5,50 €, u-bahn: ciutadella-vila olímpica

㉖ Ein Spielchen kann man im "glamourösen" **Gran Casino de Barcelona** durchaus mal risikieren. In schönster Abendgarderobe testet man sein Glück in den Spielsälen oder diniert in einem der Restaurants. In diesem Komplex gibt es auch diverse Bars und einen Club.
carrer de la marina 19-21, www.casino-barcelona.com, telefon: 93 2257878, geöffnet: so-do 10.00-5.00, fr-sa 10.00-5.30, preis: eintritt: 4,50 €, u-bahn: ciutadella-vila olímpica

㉗ Bei **Azul Sailing** mietet man einen Katamaran, eine Segeljacht oder ein Motorboot, um mit Familie oder Freunden Barcelonas Küstenstreifen zu erkunden. Ob für einen Tag oder den ganzen Urlaub: Der Schiffsführer bringt einen überall hin. Allein kann man sich auch auf den Weg machen, dann sollte man aber seinen Bootsführerschein mitnehmen. Es empfiehlt sich, das Boot im Voraus zu reservieren.
escollera del poble nou, local 5, port olímpic, www.azulsailing.es, telefon: 93 2847664, u-bahn: ciutadella-vila olímpica

㉚ **Palo Alto** liegt vielleicht etwas ab vom Schuss, aber es ist einen Umweg durchaus wert. Eine alte Lederfabrik wurde von Barcelonas Kreativen zu einem Ateliergelände umgebaut. Tonangebende Designer aus der Stadt wie Javier Mariscal haben ihre Ateliers zwischen viel Grün, Blumen und gemütlichen Sitzecken. Man kann sich auf dem Gelände frei bewegen und dann beispielsweise bei La Cantina essen gehen.
carrer dels pellaires 30-38, www.paloaltobcn.org, telefon: 93 3070974, geöffnet: la cantina mo-fr 13.30-15.30, preis: mittagsmenü 13 €, u-bahn: selva de mar

CASINO BARCELONA

GRAN CASINO DE BARCELONA 26

Barceloneta, Vila Olímpica & Poble Nou

SPAZIERGANG 5

Kommt man aus der U-Bahn-Station Barceloneta, sieht man gegenüber das Historische Museum (1). Überqueren Sie die Straße und genießen Sie rechts einen günstigen Cava (2). Zum berühmten Restaurant 7Portes (3) zwei Mal links abbiegen. Links und auf der großen Kreuzung (Via Laietana) links über das Gras. Richtung Einkaufszentrum Maremágnum geht man am Aquarium (4) vorbei. Rechts über die wellenförmige Brücke zum Ende von La Rambla, wo Kolumbus (6) in Richtung Meer zeigt. Am Wochenende ist hier ein Antikmarkt (5). Folgt man der Avinguda de les Drassanes, erreicht man das Museu Marítim (7). Zurückgehen und eine Bootstour machen (8). In Richtung World Trade Centre laufen und die Seilbahn (9) Richtung Barceloneta nehmen. Bei Torre de Sant Sebastià schon mal einen Tisch reservieren (10). Links kann man einen Motorroller mieten (11) und rechts liegen ein Schwimmbad (12) und ein Spa (13). Man kann auch den ersten Teil des Spaziergangs auslassen und vom Historischen Museum aus direkt nach Barceloneta gehen. In der Carrer de Ginebra gibt's leckere Tapas (14). Zwei Mal rechts in die Carrer de la Maquinista. Rechter Hand liegt Can Ramonet (15) und links die Markthalle (16). Weitergehen und beim Passeig Joan de Borbó nach links. Ein Eis kaufen (17) und links in die Carrer de l'Almirall Aixada Richtung Strand einbiegen (18) (19) (20). Links in der Carrer de Sant Carles kann man essen und trinken (21) (22). Weiter den Boulevard entlang (23) (24) (25) Richtung „Twin Towers". Im linken Turm ist das Casino (26). Weiter zum Jachthafen, wo man ein Boot mieten kann (27). Dann am Boulevard entlang und links in die Carrer de Jaume Vicens i Vives. Nach der großen Kreuzung die erste rechts und dann gleich links. Die Straße geht in die Carrer del Taulat (28) über. Am Ende rechts und dann links in die Carrer de Fernando Poo. Weiter bis zur Plaça de Prim zum berühmten Fischrestaurant (29). Links in die Carrer de Vidal i de Valenciano, dann rechts in die Carrer del Taulat. Wenn man der Carrer del Taulat folgt und bei Carrer de Bac de Roda links und dann gleich rechts geht, kommt man zu Palo Alto (30). Dann links in die Carrer de Flúvia und wieder links in die Carrer de Llull. Weiter bis zur Carrer de Roc Boronat, dann rechts. Hier gibt's Kunst (31). Auf der Avinguda Diagonal links zum Turm Torre Agbar (32) und zum städtischen Design (33).

Legende:

= Sehenswürdigkeiten

= Essen & Trinken

= Shoppen

= 100% there

Gràcia

Arbeiterviertel mit alternativem Flair

Obwohl Gaudís Park Güell auf dem Pflichtprogramm von so manchem Touristen steht, lassen die meisten den Rest des Stadtteils einfach aus. Schade, denn Gràcia ist einer der wenigen Orte im Zentrum von Barcelona, wo man noch die typische Atmosphäre Barcelonas schnuppern kann. Ein Gang durch das Arbeiterviertel liefert zudem ein gutes Bild vom Leben der Katalanen, der Sinti und Roma, der ausländischen Studenten und Künstler, die hier wohnen. Früher war Vila de Gràcia lediglich ein Dorf nördlich der Stadt. Der Passeig de Gràcia, ehemals die Straße nach Gràcia, erinnert noch an diese Zeit. Mit dem Entstehen des Wohnviertels L'Eixample wurde Gràcia dann im 19. Jahrhundert vom sich ausdehnenden Barcelona einfach geschluckt.

Neben Gaudís Park und einem seiner berühmten Häuser bietet das Viertel keine echten touristischen Höhepunkte, doch man findet dort ein überraschendes Angebot an netten Geschäften und schönen Restaurants. Die dörfliche Atmosphäre ist nie ganz verschwunden.

Jeden Nachmittag gegen 17.00 Uhr kommen die Kinder aus der Schule und die Geschäfte öffnen wieder. Dann füllen sich die *plaças* mit Einheimischen, die ein Schwätzchen halten, sich in ein Café setzen oder Einkäufe erledigen. Von jeher zieht das Viertel auch viele Künstler und alternative Jugendliche an. An Sommerabenden begeben sie sich massenhaft auf die Plätze und bleiben bis zum frühen Morgen. Kein Viertel in Barcelona zählt mehr Nachbarschafts-vereinigungen und kulturelle Institutionen.

Die Stärke des Nachbarschaftsgefühls zeigt sich bei der Festa Major de Gràcia. Dieses Straßenfest mit viel Livemusik findet jedes Jahr während der dritten Augustwoche statt. Am Samstag wird es offiziell mit einem großen Feuerwerk eröffnet, das um 8:00 Uhr morgens (!) beginnt. Die Einwohner arbeiten monatelang, um ihre Straßen besonders festlich zu schmücken. Denn sie sind der Meinung: In Gràcia findet die beste *festa de barri* von ganz Barcelona statt.

6 Insider-Tipps

Park Güell

Frische Luft schnappen und Gaudís Erbe bewundern.

Raïm

Einen leckeren Mojito in kubanischer Atmosphäre genießen.

Cruising Barcelona

Auf einem rasanten Cruiser die Stadt erforschen.

Nobodinoz

Design für Kinder entdecken.

Platz-Hopping

Zwischen den Einheimischen auf den *plaças* von Gràcia sitzen.

A Casa Portuguesa

Portugiesischen Wein in gemütlicher Umgebung trinken.

● **Sehenswürdigkeiten**
● **Shoppen**
● **Essen & Trinken**
● **100% there**

Sehenswürdigkeiten

(1) 1900 bekam Gaudí von seinem guten Freund Eusebi Güell den Auftrag, den **Park Güell** zu entwerfen. Der Name "Park" ist eigentlich nicht ganz richtig. Park Güell eignet sich zwar dazu, um sich draußen an der frischen Luft aufzuhalten, doch vielmehr zeigt er auf beeindruckende Weise das fantasievolle Erbe Gaudís. Man sieht hier gut, wie ihm natürliche Formen als Vorbild für die Wege und die Promenade dienten. Der große Platz in der Mitte des Parks mit Blick auf Stadt und Meer war als Freilufttheater gedacht. Heute nutzen Fotografen die wellenförmige, mit buntem Mosaik verzierte Bank für ihre Aufnahmen. Der Platz thront auf einer riesengroßen Säulenhalle. Und auch der Eingang des Parks sieht aus, als käme er direkt aus einem Märchenbuch. Übrigens: Die Häuser am Eingang waren ursprünglich als Portierwohnung und Büro gedacht. Welch ein inspirierender Arbeitsplatz!
carrer d'olot, www.parkguell.es, geöffnet: täglich 8.00-21.00, eintritt: frei, u-bahn: lesseps

(2) Mitten in der Gartenstadt des Park Güell steht das **Museu Gaudí**. Obwohl die Gartenstadt als Wohnviertel konzipiert war, wurden nur zwei Häuser gebaut. In eines zog Gaudí selbst ein. Heute ist es ein Museum, in dem man unter anderem Zeichnungen und Möbel des katalanischen Modernisten bewundern kann. Manche Räume sind komplett im ursprünglichen Stil erhalten geblieben.
carretera del carmel 23, www.casamuseugaudi.org, telefon: 93 2193811, geöffnet: täglich apr.-sept. 10.00-20.00, okt.-märz 10.00-19.00, eintritt: 4 €, u-bahn: lesseps

(3) **Casa Vicens** war eines der ersten Bauwerke von Gaudí. Das Haus wurde zwischen 1883 und 1888 im Auftrag des Kachelfabrikanten Manuel Vicens gebaut. Es ist ein architektonischer Mix mit vor allem traditionellen spanischen und arabischen Einflüssen. Die bunte Sammlung von Keramikkacheln war von Blumen inspiriert, die auf dem Baugelände blühten. Seit 2007 steht Casa Vicens für 30 Millionen Euro zum Verkauf.
carrer de les carolines 18-24, www.casavicens.es, geöffnet: nicht öffentlich zugänglich, u-bahn: fontana

Essen & Trinken

(4) Man kann es ein Wunder nennen, dass **Botafumeiro** noch nicht von Touristen entdeckt wurde. Berühmtheiten wie der spanische König, Julio Iglesias und Woody Allen fanden auf jeden Fall den Weg in dieses bei Einheimischen berühmte galizische Fischrestaurant. Das Ambiente ist durch und durch spanisch (sprich: einfach, aber ordentlich), die Bedienung professionell und der Fisch fantastisch.
gran de gràcia 81, www.botafumeiro.es, telefon: 93 2184230, geöffnet: täglich 12.00-2.00, preis: 35 €, u-bahn: fontana

(5) In dem hippen **SMS Deliciès** bekommt man köstlichen Kaffee und kann aus Frühstücksvarianten wie Cosmopolita, Energético oder El Relajado (der Entspannte) wählen. Auch das Lunchmenü und die anderen Gerichte und Süßwaren sind sehr frisch und ausgesprochen gut.
carrer d'asturiès 33, www.smsdelicies.com, telefon: 93 2179547, geöffnet: mo-do 7.30-0.00, fr 7.30-1.30, sa 8.30-1.30, preis: ab 1,50 €, u-bahn: fontana

(8) Das kleine Café **A Casa Portuguesa** bietet das Beste der portugiesischen Süßwaren- und Weinkultur. Vor allem die Backwaren sind empfehlenswert, es gibt aber auch portugiesischen Käse. Im hinteren Ladenteil hängen Kunstwerke von portugiesischen Künstlern, die in Barcelona wohnen.
carrer de verdi 58, www.acasaportuguesa.com, telefon: 93 3683528, geöffnet: di-fr 17.00-0.00, sa-so 11.00-15.00 & 17.00-0.00, preis: ab 3,50 €, u-bahn: fontana

(9) Das Sushi-Restaurant **Kibuka** konnte sich im Nu zu einem der Orte hocharbeiten, in denen die Schickeria von Gràcia gerne mal auftaucht. Das einfach eingerichtete Lokal ist hauptsächlich für seine originellen Makirollen bekannt – einer Kombination aus traditionellem Maki mit modernen westlichen Einflüssen.
carrer de verdi 64, www.kibuka.com, telefon: 93 4159217, geöffnet: so & di-do 20.30-0.00, fr-sa 20.30-0.30, aug. zwei wochen geschlossen, preis: portion 10 €, u-bahn: fontana

④ **BOTAFUMEIRO**

⑫ **Cantina Machito** ist traditionell und gemütlich. Die Speisekarte ist eine perfekte erste Begegnung mit der mexikanischen Volksküche. Nicht nur die Zutaten werden darin beschrieben, sondern auch die historischen Hintergründe der Gerichte. Tipp: verschiedene platos miteinander zu teilen.
carrer de torijos 47, telefon: 93 2173414, geöffnet: täglich 13.00-16.30 & 19.00-2.00, preis: 10 €, u-bahn: fontana

⑬ Das **Café del Teatre** ist eines der zahllosen gemütlichen Cafés, die es im Arbeiterviertel Gràcia gibt. Retromöbel, witzige Tapeten und ein riesiger Spiegel an der Wand – das ist die richtige Atmosphäre für einen guten Kaffee oder einen köstlichen Cocktail. Das finden im Übrigen auch die Locals, die hier zuhauf eintreffen. Tipp: Wenn es voll ist, kann man ins Café Chatelet gegenüber ausweichen.
carrer de torijos 41, telefon: 93 4160651, geöffnet: mo-do & so 9.00-2.00, fr-sa 9.00-3.00, preis: ab 1,50 €, u-bahn: fontana

⑭ Als sei man nach Mexiko verfrachtet worden – so fühlt man sich im **Chido One**, einem urigen Restaurant, in dem mexikanische Folklore zum Kultstatus erhoben wird. Man macht Bekanntschaft mit Literatur, Filmen, Musik, doch vor allem mit den Mahlzeiten der mexikanischen *abuelitas* (Großmütter).
carrer de torijos 30, telefon: 93 2850335, geöffnet: mo-fr 19.00-22.00, sa-so 13.00-2.00, preis: 10 €, u-bahn: fontana

⑰ **Sol Soler** ist der Hotspot auf der Plaça del Sol. Marmortische, Holzstühle, ein authentisch modernistischer Fußboden und die besten Tapas des Platzes. Und das Schönste ist: Man kann auch draußen auf der Terrasse in der Sonne sitzen.
plaça del sol 13, telefon: 93 2174440, geöffnet: mo-mi 12.00-1.30, do-sa 12.00-2.30, preis: ab 3 €, u-bahn: fontana

(20) An der Ecke eines der schönsten Plätze von Gràcia kauft man Eis bei **Ottimo Gelats**. Obwohl er in einem alten katalanischen Kaufhaus untergebracht ist, ist dies die angesagteste Eisdiele der Stadt. Die authentische Holzeinrichtung wird mit witzigen Lampen kombiniert. Man kann auf den Fensterbänken sitzen und hat die Auswahl aus über vierzig Sorten Eis, alle hergestellt aus 100% natürlichen Zutaten.
plaça de la vila 15, www.ottimogelats.com, telefon: 6 53376405, geöffnet: di-do 14.00-22.00, fr 14.00-0.00, sa 12.00-0.00, so 12.00-22.00, preis: eis ab 2 €, u-bahn: fontana

(21) Bei **La Vietnamita**, einer sympathischen Alternative zu den 08/15 Fast-Food-Ketten der Stadt, bekommt man leckere und gesunde vietnamesische Mahlzeiten. Frühlingsrollen, Wokgerichte und andere Köstlichkeiten bestellt man für ein paar Euro. Man sitzt dort ganz gut, bekommt die Speisen aber auch zum Mitnehmen.
torrent de l'olla 78, www.lavietnamita.com, telefon: 93 5181803, geöffnet: mo-mi 13.30-17.00 & 19.00-23.00, do 13.30-17.00 & 19.00-0.00, fr-sa 13.30-0.00, so 13.30-0.00, preis: 6 €, u-bahn: diagonal

(22) Die kubanische Bar **Raïm** wurde 1886 von einem katalanischen Kaufmann eröffnet. Er hatte eine Zeit lang auf Kuba gewohnt und wollte anscheinend nicht mehr ohne die kubanische Atmosphäre leben. Man sieht's: Che und Fidel hängen – schon etwas vergilbt – an den Wänden. Die Mojitos sind legendär, und an etwas ruhigeren Tagen kann man Salsa tanzen.
carrer del progrés 48, telefon: 93 2844377, geöffnet: täglich 19.00-2.30, preis: cocktail 6 €, u-bahn: fontana

(27) Das Fünf-Sterne-Hotel Casa Fuster, ein Werk des modernistischen Architekten Lluís Domènech i Montaner, steht auf der Liste des UNESCO-Weltkulturerbes. Hier findet man zwar die teuersten Zimmer der Stadt, aber im **Café Vienés** kann man sich auch nur einen Drink bestellen. Eine Weile in der Lounge mit den auffallend schönen roten Bänken zu sitzen, macht den saftigen Getränkepreis wieder wett.
passeig de gràcia 132, www.hotelcasafuster.com, telefon: 93 2553000, geöffnet: so-do 9.00-1.00, fr-sa 9.00-3.00, preis: drinks ab 5 €, u-bahn: diagonal

Shoppen

(6) **Olokuti** wirkt auf den ersten Blick wie ein echter Hippieladen. Krimskrams aus allen Himmelsrichtungen wird in verschiedenen Räumen präsentiert, wodurch der Eindruck entsteht, man befände sich in einem Wohnhaus. Hier gibt es originelle Kinderkleidung, Spielzeug, Bücher, Filme, Musik, Kleinkram für zu Hause und Kosmetikprodukte. Besonders schön: der Patio. Im Sommer finden hier Filmabende und Auftritte statt.
carrer d'astúries 36 baixos, telefon: 93 2170070, geöffnet: mo-do 10.00-21.30, fr-sa 10.00-22.00, u-bahn: fontana

(7) Schon mal Ökodesign an den Füßen gehabt? Bei **Nagore** ist das die normalste Sache der Welt. In dem Laden wird handgefertigtes, anatomisch geformtes Schuhwerk aus ökologischem Leder verkauft. Obendrein wird hier recycelt: Wer seine alten Nagore-Treter abliefert, bekommt Rabatt bei neuen.
carrer d'astúries 50, www.nagore.es, telefon: 93 368 83 59, geöffnet: mo-sa 11.00-14.00 & 17.00-21.00, u-bahn: fontana

(10) Wer eine gut sortierte, aber bezahlbare Modekollektion der 1970er- und 1980er-Jahre sucht, wird bei **Revolution** fündig. Neben Mäntel und Hosen im Military-Look werden auch ganz normale Kleidchen und Hemden angeboten – alles im Topzustand.
carrer de verdi 80, telefon: 62 6127171, geöffnet: mo-fr 11.30-14.30 & 17.00-20.30, sa 11.30-20.30, u-bahn: fontana

(16) Will man dem touristischen Zentrum entkommen, empfiehlt sich die dörf-liche Atmosphäre der **Carrer de Verdi**. Hier finden Sie lauter nette Boutiquen. Das Schuhgeschäft Sueños Negros und der Kleiderladen El Piano lohnen sich, und auch die Carrer d'Astúries ist einen Besuch wert.
carrer de verdi, geöffnet: mo-sa 11.00-14.00 & 17.00-21.00, u-bahn: fontana

(18) Wer sich in Delikatessgeschäften immer wieder fragt, zu welchen Gerichten die ganzen exotischen Produkte eigentlich verarbeitet werden, sollte einmal bei **Delishop** vorbeischauen. Hier findet man exklusive Lebensmittel aus der ganzen Welt – mit den dazugehörigen Rezepten!
travessera de gràcia 141, www.delishop.es, telefon: 93 2389945, geöffnet: mo-fr 11.00-14.30 & 17.00-21.00, sa 11.00-21.00, u-bahn: fontana

(19) Ist Olivenöl für Sie ein Muss? Dann sollten Sie unbedingt bei **Oli i Sal** vorbeischauen. Das Geschäft hat sich voll auf diese Basiszutat der mediterranen Küche spezialisiert. Man bekommt nicht nur die leckersten Sorten, sondern auch alle Informationen über dieses gesunde Öl.

travessera de gràcia 170, telefon: 93 4150624, geöffnet: mo 16.30-20.30, di-sa 10.30-14.30 & 16.30-20.30, u-bahn: fontana

(23) Bei **Madam Pum Pum** gibt es hippe Damen- und Herrenmode von unabhängigen Labels europäischer Designer. Außerdem hat die Madam allerlei lustigen Kleinkram sowie Gadgets von den Kreativen des Viertels im Sortiment.

carrer del torrent de l'olla 30 bis, madampumpum.com/splash/, telefon: 93 4573464, geöffnet: mo 17.00-21.00, di-sa 10.30-14.30 & 17.00-21.00, u-bahn: fontana

(25) **Rock 01 Cool Baby** macht coole Babys, Klein- und Vorschulkinder glücklich – und ihre Mamas natürlich auch. Der Laden basiert auf einer Idee von Coni Diaz, die für ihre Tochter nirgendwo in der Stadt freche Kinderkleidung finden konnte. Doch jetzt können alle Kids als Rocker durchs Leben gehen. Das Geschäft verkauft Marken wie Finger in the Nose, Rock Your Baby und No Added Sugar.

carrer de bonavista 16, www.rock01baby.com, telefon: 93 3688980, geöffnet: mo-fr 10.00-20.30, sa 11.00-20.30, u-bahn: diagonal

(26) Auf der Suche nach etwas Besonderem? Dann ist man im Einrichtungsgeschäft **Be House** an der richtigen Adresse. Man findet hier alles – von auffälligen Lampen über angenehm sitzende Bademäntel bis hin zu schönen Bildbänden. Es ist fast unmöglich, den Laden mit leeren Händen zu verlassen.

carrer de bonavista 7, www.behouse.es, telefon: 93 2188949, geöffnet: mo-sa 10.00-20.00, u-bahn: diagonal

(28) Bei **Nobodinoz** lernen Kinder Design kennen. Kinderzimmermöbel ohne Schnickschnack, hippe Kleidung und Kunst für Kinder: Exklusivität ist garantiert. Eines von Europas überraschendsten Allround-Kindergeschäften.

carrer sèneca 9, www.nobodinoz.com, telefon: 93 3686335, geöffnet: mo-sa 10.00-20.00, u-bahn: diagonal

OLI I SAL (19)

100% there

(11) In Gràcia kann man wunderbar von **Platz zu Platz** schlendern. Ob Plaça del Sol, Plaça de la Vila de Gràcia oder Plaça de la Virreina – lebhaft geht es auf allen zu. Man kann wie die Einheimischen in einem Straßencafé frühstücken oder später am Tag ein Bier mit dazu passenden Tapas bestellen. Oder man setzt sich einfach auf eine Bank und schaut den Leuten auf der Straße zu.
plaça del sol, plaça de la vila de gràcia, plaça de la virreina, geöffnet: u-bahn: fontana

(15) **Cinemas Verdi** ist ein Filmhaus, allerdings eines ohne Hollywoodschnulzen, sondern mit einem guten Angebot an unabhängigen Filmen und Dokumentationen. Eines der wenigen Kinos der Stadt, in denen man Filme im Original zu sehen bekommt, die untertitelt statt synchronisiert sind. Filmliebhaber aus ganz Barcelona gehören hier zum Inventar.
carrer de verdi 32, www.cines-verdi.com, telefon: 93 2387990, preis: 7,50 €, u-bahn: fontana

(24) Mit **Cruising Barcelona** erkundet man die Stadt auf einem hippen Cruiser, wenn man will sogar mit einem Fahrrad-Führer. Natürlich kann man hier auch einfach so ein Fahrrad mieten und auf eigene Faust losziehen.
carrer de santa tecla 7, www.cruisingbarcelona.com, telefon: 6 71548124, geöffnet: täglich 10.00-20.00, preis: ab 23 €, u-bahn: diagonal

(29) Einmal völlig zur Ruhe kommen und in einem futuristischen Badetank mit 600 l Wasser und 300 kg Salz schweben, das kann man im **Flotarium**. Befreit von seinem Körpergewicht, lässt man sich ganz entspannt treiben. Das Wasser hat Körpertemperatur, dadurch spürt man es kaum. Die Kabinen sind licht- und geräuschundurchlässig, man kann also voll und ganz der Welt entfliehen.
plaça de narcís oller 3, telefon: 93 2173637, geöffnet: täglich 10.00-22.00, preis: ab 35 €, u-bahn: diagonal

(30) Die Flamencotänzerin Anna Horbach organisiert **Flamenco-Workshops** in Barcelona, meist in Kombination mit einem Gitarristen und Sänger. Die Kursteilnehmer lernen das richtige Klatschen und die exakten Schritte. Zudem kommt man natürlich auch in den Genuss von Annas Tanzkünsten. Was sie damit erreichen möchte? Menschen sollen ein Gefühl für Tanz bekommen und die Liebe zum Flamenco mit nach Hause nehmen.

carrer ramón y cajal 116-1º-2a, www.orangemonkeytours.com, telefon: 93 219 26 62, geöffnet: nach verein-barung, preis: auf anfrage, u-bahn: fontana

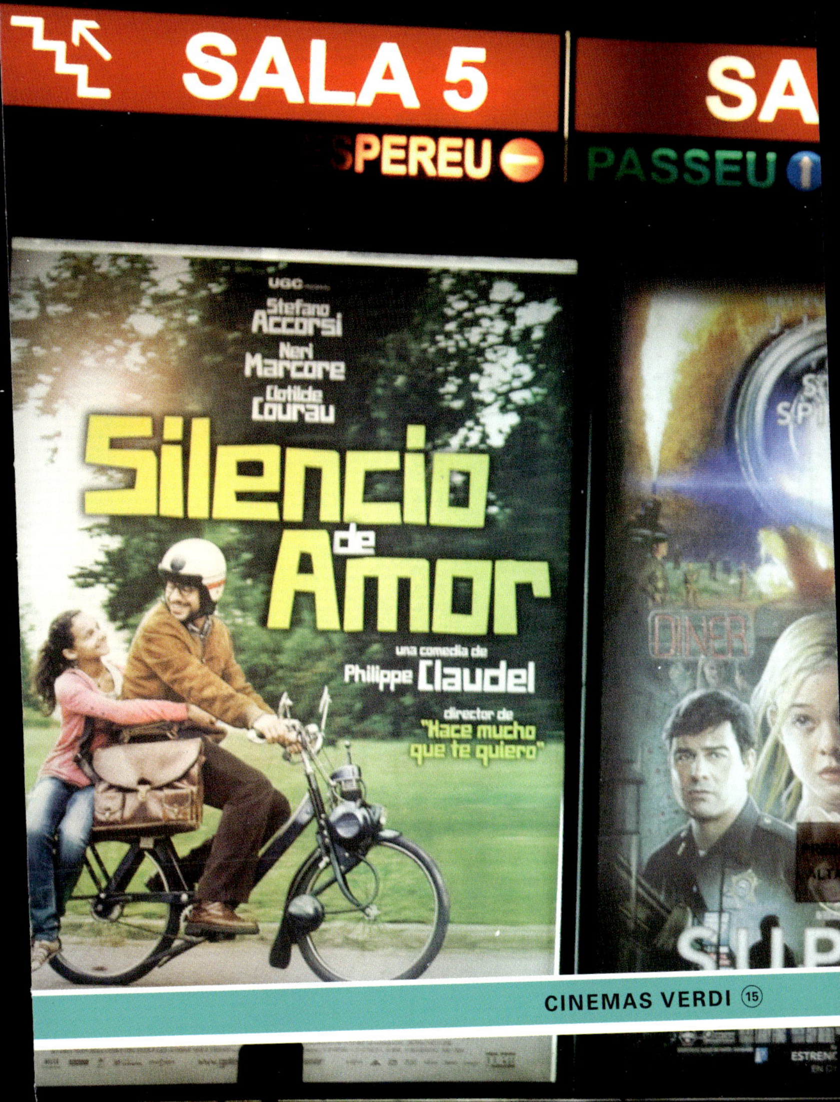

UGC presenta

**Stefano
Accorsi**

**Neri
Marcore**

**Clotilde
Courau**

Silencio
de
Amor

una comedia de
Philippe Claudel

director de
**"Hace mucho
que te quiero"**

CINEMAS VERDI ⑮

Gràcia

Die Strecke beginnt am Haupteingang des modernistischen Park Güell ①. Man kann etwas herumbummeln, das Museum ② besuchen und den Park durch denselben Eingang wieder verlassen. Rechts und dann links in die Carrer de Larrard. Rechts in die Travessera de Dalt. Über die Carrer de Massens linker Hand weiter zur Carrer de Sant Salvador, rechts einbiegen und bis zur Carrer Gran de Gràcia weitergehen. Diese lebendige Straße voller Geschäfte und Cafés bergab gehen und rechts in die Carrer de Carolines, um Casa Vicens ③ zu besichtigen. Zurück, dem Weg auf der Carrer Gran de Gràcia folgen und einen Tisch im exklusiven Botafumeiro ④ reservieren. Zurückspazieren und rechts in die Carrer d'Astúries zum Kaffeetrinken ⑤ oder Shopping ⑥ ⑦. Über die Carrer Torrent de l'Olla und in die zweite Straße links, wo es nette Restaurants ⑧ ⑨ und Vintagekleidung ⑩ gibt. Wieder zurück und dem Weg durch den Torrent de l'Olla bis an die Plaça de la Virreina ⑪ folgen. Hinüber auf die rechte Seite und in die Carrer de Torrijos mit den mexikanischen Lokalen und dem Café del Teatre ⑫ ⑬ ⑭. Wieder ein Stück zurück und in die Carrer de la Perla linker Hand bis an die Carrer de Verdi, wo man rechts einbiegt und hübsche Geschäfte und Lokale findet ⑮ ⑯. Links in die Carrer de l'Or und bis an die Carrer del Torrent de l'Olla spazieren. Hier links abbiegen und dann zu Ihrer Rechten in die Carrer de Maspons zur gemütlichen Plaça del Sol ⑰. Schräg hinüber und über die Carrer Xiquets de Valls zur Kreuzung mit der Travessera de Gràcia, wo sich schöne Geschäfte befinden ⑱ ⑲. Weiter zur Plaça de la Vila de Gràcia, wo es leckeres Eis gibt ⑳. Gegenüber dem Eisladen in die Carrer del Penedès einbiegen und dann rechts in die Carrer del Torrent de l'Olla ㉑. Einen leckeren Mojito trinken ㉒. Zurück und weiter auf der Carrer del Torrent de l'Olla ㉓. Rechts in die Carrer de Bonavista. In der Carrer de la Tecla kann man linker Hand Cruiser mieten ㉔. Weiter auf der Carrer de Bonavista ㉕ ㉖ bis zum Passeig de Gràcia. Rechts halten und entlang der Casa Fuster einen teuren Drink ㉗ schlürfen. Die Straße überqueren und Kinderdesign in der Carrer Sèneca ㉘ kaufen. Danach die erste rechts. Weiter bis zur Plaça de Narcís Oller zu einer Runde Floating ㉙ oder um sich zu einem Flamenco-Workshop ㉚ anzumelden.

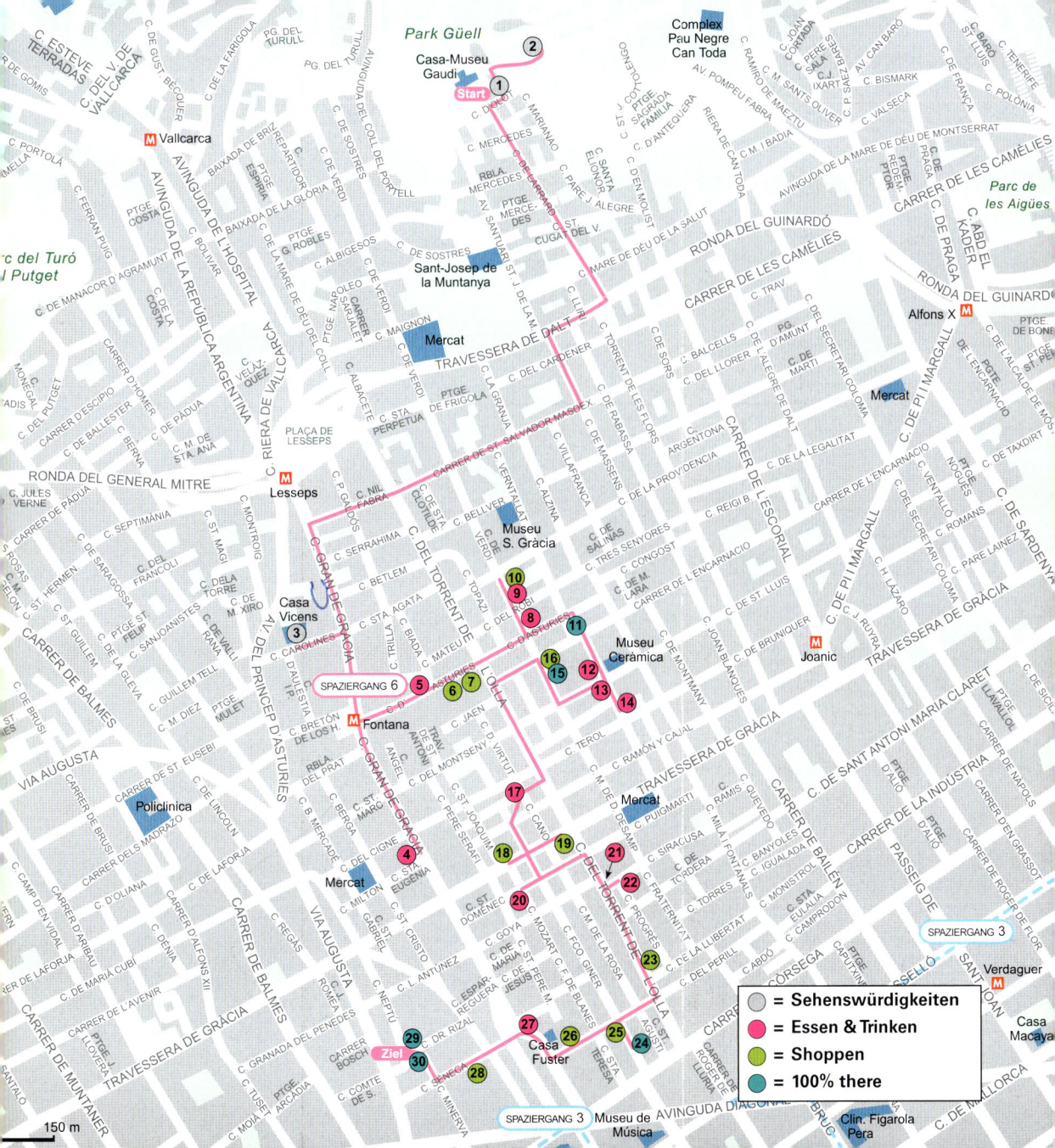

1 Park Güell
2 Museu Gaudí
3 Casa Vicens
4 Botafumeiro
5 SMS Deliciès
6 Olokuti
7 Nagore
8 A Casa Portuguesa
9 Kibuka
10 Revolution
11 Plätze entdecken
12 Cantina Machito
13 Café del Teatre
14 Chido One
15 Cinemes Verdi
16 Carrer de Verdi
17 Sol Soler
18 Delishop
19 Oli Sal
20 Ottimo Gelats
21 La Vietnamita
22 Raïm
23 Madam Pum Pum
24 Cruising Barcelona
25 Rock 01 Cool Baby
26 Be House
27 Café Vienés
28 Nobodinoz
29 Flotarium
30 Flamenco-Workshops

Weitere Sehenswürdigkeiten

Die Spaziergänge in diesem Buch führen Sie zu den wichtigsten Sehenswürdigkeiten Barcelonas, doch auch außerhalb des Zentrums gibt es interessante Plätze. Alle sind mit Straßenbahn, Bus oder U-Bahn gut zu erreichen und mit den jeweiligen Buchstaben auf der Karte am Anfang des 100%-Cityguides eingetragen.

N **Montjuïc** ist der Name des Hügels, der Barcelona im Süden begrenzt. Man kann dort in den schönen Parks spazieren gehen, in einem Restaurant essen und von der Terrasse aus den Blick über die Stadt schweifen lassen. Oder man besucht eines der Museen wie Fundació Joan Miró, das im Parc Montjuïc liegt. Hier kann man eine Werkübersicht dieses katalanischen Malers sehen. Im Palast, der den Hügel flankiert, befindet sich das Museu Nacional d'Art de Catalunya (MNAC) mit katalanischer Kunst aus der Vergangenheit und Gegenwart. Der Hügel spielte auch eine Hauptrolle bei den Olympischen Sommerspielen 1992: Auf dem Montjuïc wurden ein Olympiastadion und ein Schwimmbad sowie der Themenpark Poble Espanyol errichtet. In diesem Freiluftmuseum stehen Nachbildungen von bekannten Gebäuden aus ganz Spanien.
u-bahn: espanya, bus turístic: blaue route, telefèric: ab barceloneta oder wtc

O Vor dem Museum MNAC sieht man den **magischen Springbrunnen**, der bei der Eröffnung der Weltausstellung 1929 im Mittelpunkt stand. Heute noch sind die Abendshows eine beliebte Touristen-Attraktion. Sobald die Sonne untergeht, schießen die Wasserfontänen in die Höhe, begleitet von speziellen Lichteffekten und Musikklängen. Während der Wassershow kommt einem auch das Lied "Barcelona" von Rocksänger Freddy Mercury und der katalanischen Operndiva Montserrat Caballé zu Ohren.
palau nacional, geöffnet: jede halbe stunde 26. nov.-22. dez. & 7. jan.-30. apr. fr-sa 19.00-21.00, 23. dez.-6. jan. do-so 19.00-21.00, 1. mai-30. sept. do-so 21.00-23.30, 22. & 24. apr. 19.00-21.00, eintritt: frei, u-bahn: espanya, bus: 50, bus turístic: blaue route

LAS ARENAS Ⓟ

(P) Das Einkaufszentrum **Las Arenas** ist in einer ehemaligen Stierkampfarena mitten in der Stadt untergebracht. Die Außenmauern sind im Original erhalten geblieben, und das Innere ist ein architektonisches Meisterwerk geworden: Es zählt sechs Etagen, und außer Geschäften findet man dort auch das Rockmuseum und ein hypermodernes Fitnesscenter. Von der Dachterrasse aus hat man einen herrlichen Panoramablick über die Stadt.
plaça espanya, telefon: 93 2890244, geöffnet: mo-sa 10.00-22.00, u-bahn: espanya

(Q) Der höchste Punkt der **Serra de Collserola**, Tibidabo, ist fast von der ganzen Stadt aus zu sehen. Hier stehen die Kirche Temple Expiatori del Sagrat Cor sowie ein alter Erlebnispark. Woody Allen zeigte den fantastischen Blick über die Stadt in seinem Film *Vicky Cristina Barcelona*. Doch der Stadtpark Collserola, der als grüne Lunge der Stadt gilt, reicht viel weiter als Tibidabo. Einheimische kommen hierher zum Wandern, Radfahren oder Picknicken. Es gibt keinen besseren Ort, um mal frische Luft zu schnappen. Den tollen Blick über die Stadt sollte man nicht verpassen.
serra collserola, www.walkaboutbarcelona.com, fgc (eine art u-bahn): tibidabo/ peu de funicular/baixador de vallvidrera/les planes

(R) **Camp Nou** ("neues Feld") ist das größte Fußballstadion Europas und Heimstadion des legendären FC Barcelona. Camp Nou bietet mehr als 99.000 Zuschauern Platz, doch die Erweiterungspläne für 20.000 zusätzliche Sitzplätze liegen schon vor. Karten für ein Spiel kauft man über die Webseite des FC Barcelona oder an den Schaltern des Stadions. Man kann das Spielfeld und das Clubmuseum voller FC-Barcelona-Utensilien auch tagsüber besuchen.
avinguda d'arístedes maillol, eingang 7 oder 9, www.fcbarcelona.cat, telefon: 93 4963608, geöffnet: mo-sa 10.00-20.00, so & feiertage 10.00-14.30, eintritt: 19 € für museum und tour, u-bahn: collblanc

(S) **Parc del Laberint d'Horta** ist ideal, wenn man dem Trubel der Stadt entkommen will. Einst waren es die Gärten einer reichen katalanischen Familie, angelegt im 19. Jahrhundert. Man kann sich im grünen Labyrinth verlaufen oder mit Blick aufs Meer picknicken. Einen Spielplatz gibt es auch.
passeig dels castanyers 1, u-bahn: mundet, eintritt: 2,17 €, mi & so frei

Ausgehen

Berühmte Konzertsäle, groß angelegte Festivals, hippe Clubs, Strandläden und intime Bars: Ganz im Stil einer Weltstadt kann in Barcelona ordentlich gefeiert werden. Die Einheimischen bleiben oft bis weit nach Mitternacht in Restaurants, Tapasbars und Cafés und gehen danach noch in einen Nachtclub. In den zentralen Vierteln gibt es immer etwas zu erleben, doch auch außerhalb gibt es legendäre Adressen. Für den aktuellen Überblick über Filme, Theatervorstellungen und Konzerte kauft man am besten das wöchentliche *Time Out Magazine* oder den *Guia del Ocio* am Kiosk. Die Buchstaben der Ausgehmöglichkeiten stehen auf der Übersichtskarte.

(T) Auf dem Berg Montjuïc liegen bei dem malerischen Poble Espanyol diverse Clubs. **La Terrrazza** ist eine der angesagtesten Adressen Barcelonas. Hier tanzt man mit Dragqueens und Gogo-Tänzern draußen zwischen den Palmen. Oft legen internationale DJs auf.
avinguda del marqués de comillas, www.laterrrazza.com, telefon: 93 4231285, geöffnet: juni-sept. fr-sa 0.30-6.00, eintritt: 10 €, u-bahn: espanya

(U) **Sala Apolo** befindet sich in einem alten Theater. An den Wochenenden versammeln sich hier Barcelonas *modernillos*, die die Fashiontrends der Stadt bestimmen. Neben den Clubabenden wird der Saal auch als Bühne für Tanzauftritte genutzt. Am Montagabend kann man die Antikaraoke-Sessions der Amerikanerin Rachel Arieff miterleben. Ein Spektakel, besonders für Rockfans.
carrer nou de la rambla 111-113, www.sala-apolo.com, telefon: 93 4414001, geöffnet: je nach programm, nachtclub ab 0.30, eintritt: 12 €, u-bahn: paral·lel

(V) Steht man auf der Terrasse vom **Mirabé** auf dem Berg Tibidabo, dann liegt einem die Stadt buchstäblich zu Füßen. Auch drinnen hat man – dank der Glaswand an der Bar – einen fantastischen Ausblick. An den Wochenenden kann man sich im unteren Stockwerk auf der Tanzfläche austoben. Ist Mirabé wegen einer geschlossenen Gesellschaft nicht zugänglich? Dann versuchen Sie es nebenan: Mirablau ist ein beliebter Club im gleichen Stil.
carrer de manuel arnús (tibidabo), www.mirabe.com, telefon: 93 4340035, geöffnet: täglich 19.00-3.00, u-bahn: l7 station avinguda del tibidabo und straßenbahn: blau, oder per taxi

(w) Beim Angel's & King's Club im Hotel **ME** – im sechsten Stock – geht es darum, zu sehen und gesehen zu werden. In der Lounge trifft man viele schöne Menschen, mit denen man bis in die Morgenstunden tanzen kann. Der Club liegt in einem 120 Meter hohen, futuristischen Wolkenkratzer im ehemaligen Industrieviertel Poble Nou. Zum Club gehört eine Terrasse mit Schwimmbad.
carrer pere IV 272-286, www.me-barcelona.com, telefon: 93 3673050, geöffnet: di-sa 22.00, u-bahn: poble nou

(x) Die Clubgänger der Stadt waren begeistert, als das beliebte **Marula Café** aus Madrid ankündigte, einen zweiten Club in der katalanischen Hauptstadt zu eröffnen. Und sie wurden nicht enttäuscht. Die Musik, die dort läuft, ist in Spanien als *música negra* (schwarze Musik) bekannt: Soul, Latin, Jazz, Salsa, Cumbia und Funk. Eine der besten Dance-Locations im Zentrum Barcelonas und bei Locals und Touristen gleichermaßen beliebt.
carrer dels escudellers 49, www.marulacafe.com, geöffnet: so-do 23.00-5.00 & fr-sa 23.00-6.00, eintritt: 10 €, u-bahn: liceu

(y) **Port Olímpic** verändert sich ab Donnerstagabend in ein Miami-artiges Ausgehviertel mit Loungeclubs wie CDLC, Shoko und Catwalk. Entlang des Jachthafens trifft man auf eine breite Skala an Clubs mit den unterschied-lichsten Musikstilen. Hier treffen sich vor allem junge Leute, und es werden häufig Junggesellenpartys veranstaltet.
port olímpic, u-bahn: ciutadella-vila olímpica

(z) Ab Donnerstag verwandelt sich eine im Allgemeinen ruhige Gegend rund um die **Avinguda Diagonal** zum *place to be* aller Partygänger. Vor allem die Locals hauen dann so richtig auf die Pauke. Hier liegen die populäre Disco Otto Zutz und der Sutton Club, eine der trendigsten Locations von Barcelona. Bitte beachten: Es gilt ein strenger Dresscode. In der Nähe ist auch das Luz de Gas, ein altes Theater, das für Konzerte genutzt wird. Nicht zuletzt findet man in der Carrer de Marià Cubí viele kleine Cafés und Tanzlokale.
avinguda diagonal, kreuzung muntaner/aribau/balmes, geöffnet: 23.00-5.00, nachtbus: n8

Alphabetischer Index

Thematischer Index

shoppen

unterwegs

100% CITYGUIDES

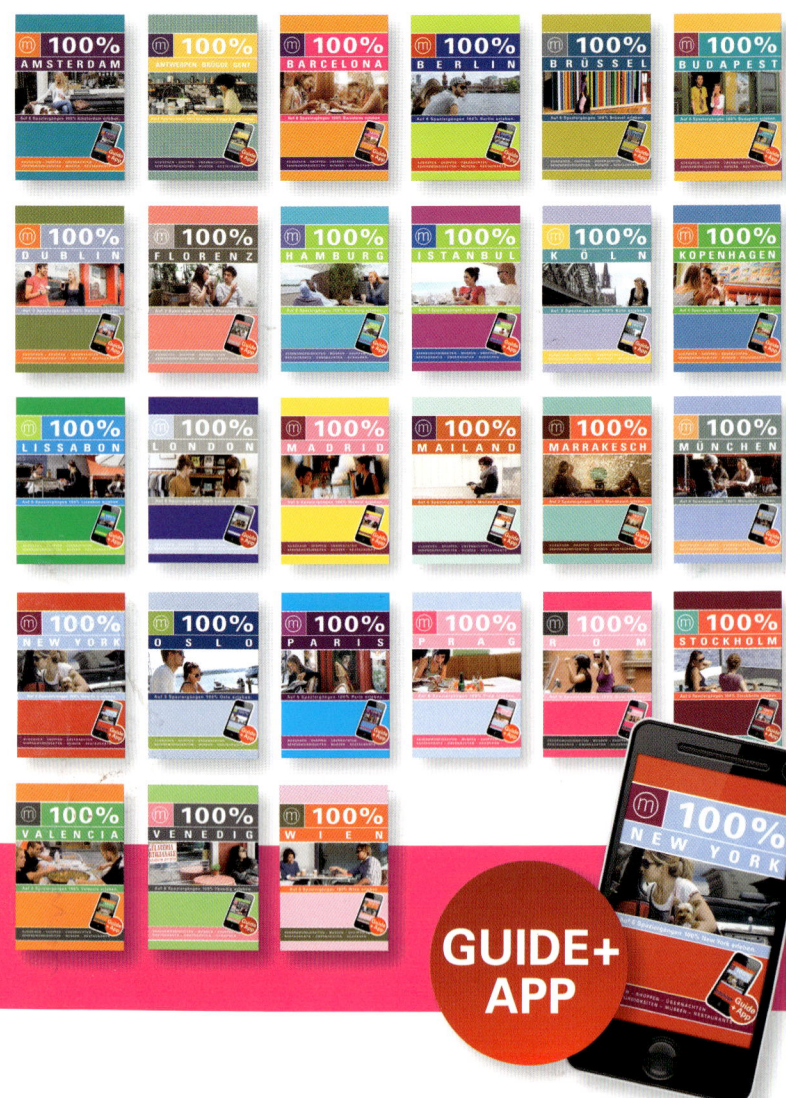

GUIDE+ APP

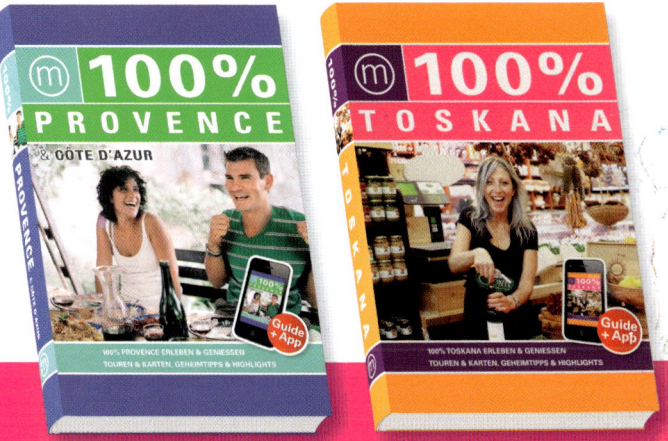

Dieser 100%-Cityguide wurde mit größter Sorgfalt zusammengestellt. Mo Media ist nicht verantwortlich für eventuelle inhaltliche Fehler. Anmerkungen und/oder Kommentare können unter *www.100travel.de* mitgeteilt oder an die unten stehende Adresse gerichtet werden.

mo media gmbh, betr. 100% barcelona,
steinstraße 15, 10119 berlin,
e-mail info@momedia.com

autor	annebeth vis
koautoren	catelijn kerstens, nieke stein
fotografie	duncan de fey, nancy lee, marieke hüsstege
übersetzung	alexandra schmiedebach (für bookwerk)
lektorat	ulrike grafberger
schlussredaktion	anke höhne
konzeptgestaltung	studio 100%
gestaltung	mastercolors mediafactory, hilden design, münchen
kartografie	van oort redactie en kartografie

100% barcelona   isbn 978-3-943502-67-1
© mo media gmbh, berlin
aktualisierte neuauflage märz 2014